Amor... ¿o codependencia?

Love... or Codependence?

MILLENIUM

Amor... ¿o codependencia?

AURA MEDINA DE WIT

VERGARA
GRUPO ZETA

MÉXICO DF • BARCELONA • BOGOTÁ • BUENOS AIRES • CARACAS • MADRID • MONTEVIDEO • QUITO • SANTIAGO DE CHILE

Amor... ¿o codependencia?

Primera edición, octubre de 2010

D. R. © 2010, Aura Medina de Wit
D. R. © 2010, Ediciones B México, S. A. de C. V.
    Bradley 52, Col. Anzures, 11590, México, D. F.
    www.edicionesb.com.mx

ISBN 978-607-480-113-2

Dedico este libro a todas las mujeres del mundo y de manera muy especial a las mujeres más cercanas a mi corazón que han sido a través de los años, el aire que impulsa mis alas:

A mi madre Aura a quien agradezco todas sus sabias palabras, su inmenso amor, su apoyo incondicional y ese inquebrantable espíritu de crecimiento que ha sido una fuerte inspiración en mi vida.

A mi hija Ligia-Dassana por su increíble e inteligente sentido del humor, por su valor, su comprensión y complicidad ante todos mis tremendos errores como madre, por enseñarme a ver la parte ligera y divertida de la vida, y siempre animarme a seguir adelante.

A mi hermana Patricia por ser mi hermana no solo de sangre, también en el Dharma. Por su bondad, ternura, dulzura y porque en mis momentos más oscuros, siempre me ha tendido una mano o una palabra amorosa.

A mi hermana Ligia con profunda admiración y respeto, por el valor para vivir su vida de acuerdo a su propia verdad y por su inmensa entrega en el papel que ha escogido vivir.

A mis sobrinas, Kaleena y Giovanna con todo mi amor y a mi suegra Yolanda, por ser la gran amiga y mujer que es.

AGRADECIMIENTOS

Escribir este libro ha sido una bellísima experiencia, me ha llevado a través de los años de mi vida, recorriendo muchos momentos importantes y recordando a todas las personas que de una manera u otra han traído a mi vida enseñanza, experiencia, amor y compañía. Sería una tarea inacabable nombrar a todas estas personas, porque realmente han sido muchas, pero quiero nombrar algunas que han sido piedras angulares en mi vida. Y sin cuya influencia y apoyo, quizá este libro nunca hubiese nacido:

A mi pareja de años, Oscar, mi "Hombre Zen" por enseñarme el silencio y la belleza de la solitud.

A mi padre donde quiera que esté, por su legado de energía y por la bondad de su corazón.

A mi hermano mayor, Raúl por siempre tener la palabra sabia y el corazón abierto.

A mi hermano "pequeño" Alejandro por recordarme las cualidades del Guerrero y del Loco.

A mi cuñado Armando, por su fuerza y sus valores.

A Carlos de León por su inapreciable enseñanza.

A Regina Roditti por toda su bondad a una desconocida.

A mis hermanos de la sangha de Osho que me animaron y me ayudaron a creer en mí:

Rafia, Halima, Satyarthi, Chandrakala y Aneesha.

A Dayal, por la inspiración y el amor a Osho.

A mis alumnas y amigas que han llenado mi vida de sentido.

A Ana Paula Santamarina y a Fanny Millán por crear el espacio para que la semilla florezca.

A Martha Sánchez Navarro por su apoyo y confianza.

A Martha Debayle por ayudarme a expandir mi trabajo.

A mis amigos de la Cofradía, Toño, Amanda, Tony, Mónica, Ana Cecilia y Susana por sus porras, además de los maravillosos momentos vividos.

Y finalmente con mucho agradecimiento a mi editor y amigo César Gutiérrez, por invitarme a escribir este libro, por apoyarme, meterme en orden y caminar conmigo este camino.

A todos ustedes, mil gracias.

La mayoría de las mujeres hemos crecido con mucha presión, con la exigencia de ser niñas buenas y lindas. Hemos sepultado nuestras emociones para no ser calificadas como niñas groseras y malas.

En la adolescencia sostenemos una lucha interminable por alcanzar la perfección en diversos ámbitos: el cuerpo perfecto, la chica más bella, la estudiante de calificaciones de excelencia, ser muy populares, tener el novio perfecto, y una lista relacionada con la competitividad. En esa batalla, dejamos de tener contacto con nuestras emociones.

Después, al llegar a la edad adulta, el matrimonio se convierte en la meta de toda mujer, se nos inculca (y asumimos) la idea de que si no tenemos pareja estamos incompletas; que debemos escoger a un hombre responsable y proveedor, al mismo tiempo que asumir el papel de ser la supermujer y hacer todo perfecto, llevando la casa, los hijos y el marido, sin ayuda de nadie. Sin embargo, incluso cumpliendo con ello siempre nos queda una sensación de vacío, de sentir que podría haber sido mejor. En el fondo reposa lo más grave: la certeza de que nos olvidamos de nosotras mismas.

Amor... ¿o codependencia? nos recuerda nuestra esencia, nuestras emociones, feminidad, vulnerabilidad y suavidad en momentos en los que la mujer está sometida a una mayor exigencia. En esta época, la mujer tiene que añadir la exigencia del mundo laboral. Deja atrás la paciencia, la ternura, la intuición, en fin, todas nuestras cualidades femeninas porque le da más importancia a las masculinas para obtener un mejor sueldo, un ascenso o una posición de poder. A la par, dejamos a un lado nuestras relaciones, intimidad y sexualidad.

Esta obra brinda un taller personalizado que nos motiva a reflexionar acerca de nosotras mismas, con los múltiples testimonios que ofrece y en los que fácilmente podemos vernos reflejadas. Nos invita a poner manos a la obra responsabilizándonos de nosotras mismas, de nuestro crecimiento y despertar, para aprender a conocernos, aceptarnos y a obrar en consecuencia.

Amor... ¿o codependencia? nos recuerda nuestra condición espiritual y explica que todo en la vida son lecciones para lograr la mejor versión de nosotras mismas; que lo importante no es el destino, sino el camino; que somos seres completos, que no nos falta nada, más que darnos cuenta de ello.

Aura nos abre su corazón y su experiencia de vida con gran honestidad y sentido del humor, así como es ella. Nos comparte su testimonio, su búsqueda y desarrollo personal facilitándonos herramientas prácticas y sencillas para lograr el despertar de la mujer que llevamos dentro.

Con mucho cariño,
Martha SÁNCHEZ NAVARRO

CONTENIDO

Mujeres buscando la luz

Soy mujer, como tú

DESDE HACE ALGUNOS AÑOS imparto talleres para mujeres. Dichos talleres tienen como tema central las relaciones codependientes y autoestima, y surgieron del inmenso anhelo de trabajar con ellas, de compartir mi vida, mi experiencia por medio de este trabajo y para comprender mi propia necesidad, mi propio dolor, mi propio proceso como mujer.

Asumirme como mujer no ha sido algo natural ni sencillo, al menos no el tipo de mujer que de alguna manera tenía en mente. Mis modelos no eran lo que deseaba ser. Me explico: desde niña supe que no quería una vida convencional, es decir, no como la vivían mi madre, mis tías y las mujeres que conocía de mi entorno. Siempre he tenido gran energía, estatura alta, opiniones acerca de todo, he sido ruidosa y siempre me hacía escuchar, les gustara o no a los demás. Mis amigas me parecían un poco aburridas; por lo mismo, me juntaba con los niños para vencerlos en los juegos rudos. Sin saberlo, estaba desarrollando una reacción adversa al estereotipo de mujer que conocía.

Crecí en provincia, en una ciudad entonces pequeña y, por ende, con una sociedad muy cerrada (pueblo chico, infierno grande, decía mi abuela). Estudié en escuela de monjas, sólo niñas por supuesto, hasta la secundaria. Siempre sobresalí, no por ser demasiado estudiosa sino por escandalosa, por usar sombreros no adecuados, por cambiar las prendas del uniforme obligatorio y siempre armar algún tipo de escándalo con las amigas o sin ellas.

Era una verdadera niña amazona: lo mío era lo físico: trepaba árboles, me subía y caminaba por lugares que ni los niños osaban subir, peleaba y ganaba. Vencía constantemente a mi hermano mayor y a mis primos hombres en natación y juegos propios de su género. Ni qué decir de las niñas, ellas ni siquiera tenían interés en medirse conmigo. Cuando crecí, me convertí en una adolescente con mucha energía sexual, muy fuerte y sin la menor idea de cómo manejarla. Reprimirla era imposible y la viví de la mejor manera que pude. Era un tema impensable para hablar con mi madre, con las maestras monjas o con alguna mujer adulta que conociera. Si como niña me sentía fuera de contexto, en esa etapa simplemente no encajaba con nadie más que con amigas mayores o las que eran consideradas las "locas" de nuestra ciudad.

De ese periodo tengo pocos recuerdos de mujeres adultas. Mi atención estaba puesta en otras partes. Recuerdo que se hablaba de las divorciadas como algo indeseable; las trataban de apestadas. Cuando mi madre se divorció, me contó cómo sintió que muchas de las amigas casadas se alejaron de ella discretamente e incluso dejaron de invitarla a salir con el grupo de casados a fiestas y eventos.

Por supuesto, también estaban las solteronas o quedadas. Se trataba casi siempre de señoritas mayores, dedicadas a las obras de caridad y a ser miembros activas de la parroquia de su zona, pero su función principal era ser jueces morales implacables de la conducta de las demás mujeres.

Visto a la distancia, me doy cuenta de que fue de las épocas más difíciles para mí. Durante años estuve convencida de que el mundo era un lugar mucho más justo y benigno para los hombres, que ser mujer era demasiado doloroso y difícil; que simplemente no valía la pena acatar las reglas. En una sociedad tan estricta en el comportamiento de las mujeres y tan relajada en el de los hombres, no me extraña en absoluto que ese pensamiento fuera recurrente en mí.

Por otro lado, tengo la sensación de que en aquellos días mi energía era un gran círculo que me rebasaba. Creo que todas las personas que me rodeaban estaban en desacuerdo con esa forma y trataron de meterme en un molde cuadrado, me empujaron para que cupiera de alguna manera en ese espacio. Tal situación me provocaba profunda vergüenza e inmensa culpa por ser como era, pero al mismo tiempo experimentaba muchísimo dolor y enojo por no ser aceptada.

Esa vergüenza me marcó profundamente y durante años intenté ocultarla desesperadamente con cosas externas: los romances, el sexo, la comida, el alcohol… lo que fuera con tal de sentirme mejor. Cuando empecé a trabajar, entraba en feroces competencias, en fuertes presiones y exigencias hacia mí para obtener el reconocimiento de todos, pero muy especialmente de las figuras de autoridad del lugar.

Aun así, nada borraba esa sensación tan profunda de estar mal, de no pertenecer a ningún lugar y muy especialmente de ser inferior a las demás mujeres, por lo que no merecía el amor de un hombre "de bien".

Con los años y después de procesos de sanación interna descubrí que, al igual que le ha sucedido a muchas de ustedes, esa vergüenza, esa sensación de no pertenencia nació de aquellos años de tantos intentos de represión a mi energía. Mi eterna lucha fue entre querer ser yo y desear al mismo tiempo ser aceptada y reconocida por una familia y sociedad. Por ello siempre tuve la idea de tener que cambiar para lograrlo.

Y lo intentaba, ¡te juro que lo intentaba!, me esforzaba por convertirme en una mujer "normal", porque realmente tenía un inmenso deseo de ser aceptada, de encajar en mis círculos sociales, de no crear conflictos con nadie, pero lo que no sabía y nadie me había enseñado es que dentro de mí había otra parte que seguramente tiene que ver con la infancia, la popular niña interna; pero a esas alturas ya se había transformado en una bestia interna a la que yo mantenía encarcelada y restringida, y quien a la menor oportunidad hacía su aparición, boicoteando con su energía y enojo cualquier situación buena que yo estuviese experimentando.

La bestia es la luz

No fue sino hasta muchos años después —vivía yo en Milwaukee, en Estados Unidos—, a raíz del suicidio de mi padre, de la desesperación y una subida de peso tremenda, cuando ingresé en un grupo de terapia especializado en adicciones y dependencias emocionales. Ahí supe que esa vergüenza que arraigaba desde la infancia fue la base de muchos miedos, inseguridades, inestabilidades emocionales e incluso de mis adicciones. Descubrí a esa bestia como mi propia energía, mi creatividad, mi propio poder. Me di cuenta de que con restricción y coacción nunca podría vencerla, sólo sería por medio del amor y la aceptación. La bestia necesitaba ser nutrida, amada, aceptada y la única persona que podía darle eso era… yo misma.

Empecé a trabajar en mi persona, con muchas ganas de estar bien, de sentirme bien conmigo misma. Pasaron varios años de un largo proceso en el que finalmente entendí que justamente esa bestia que causó tanta conmoción entre mi gente, esa energía que fue tan abusada por mí y por otros, reprimida a veces, desmadrada otras, era la fuente de mi propia luz, de mi valor humano y femenino. Supe que lo que tenía que hacer, en vez de pelear contra ella, contra el pasado, contra la sociedad, contra el mundo, era dedicarme a sanar sus heridas porque eran las mías; a curar lo que tuviera que ser curado y a transformar a esa bestia en mi amiga y compañera durante la búsqueda de mi propio poder interno.

Volver a conquistar nuestro reino

El primer paso en este largo camino de regreso a mí fue la reconciliación conmigo misma, con el hecho de ser mujer y, en el proceso, soltar mi profundo enojo con la sociedad donde crecí, especialmente con mi madre y con todas las mujeres de mi infancia a quienes hoy comprendo y sé que han hecho lo que han podido y creído que es lo mejor para sus hijas. Todas hemos sido víctimas de una sociedad machista, represora y sumamente cruel. Pero, y éste es mi gran pero, vivimos en una sociedad formada también por mujeres: somos parte de este juego y como partícipes nos toca asumir nuestro verdadero papel, no el que nos han y nos hemos impuesto, sino el que nos corresponde, el de mujeres, madres, esposas e hijas conscientes y responsables. En otras palabras, tenemos que empezar a barrer nuestra banqueta si queremos que este mundo sea mejor.

Al asumir mi propia responsabilidad dentro de este juego pretendo, antes que nada, conocerme y estar bien conmigo. Desde ahí quiero compartir mi experiencia con las mujeres que desean dar este paso. Cuando llegan a los talleres de codependencia y crecimiento que imparto, lo primero que veo en sus rostros es ese deseo profundo de estar en paz con ellas mismas, de no depender de alguien o algo externo para sentirse bien.

Uno de los puntos más importantes y también más emotivos que se tocan en estos talleres es el de relaciones de pareja, con los hijos e incluso los padres. La idea de este proceso es aprender que antes de arreglar cualquier relación con otra persona, debemos trabajar en nosotras, examinar nuestra vida. Hacernos conscientes de quiénes somos y aprender a observarnos sin juicios, de manera honesta y amorosa. La invitación es para ir hacia adentro y buscar, debajo de tanta basura que hemos guardado, el lugar donde estamos encerradas y convertirnos en nuestras propias liberadoras.

Siempre hablo de este viaje interno como de un regreso a casa, como si de pronto nos diéramos cuenta de que hemos vivido desterradas de nuestro hogar, de nuestro cuerpo y de nuestro reino.

La visión que tengo de esto es como si nosotras tuviéramos el clásico castillo rodeado de un pozo muy profundo lleno de bestias, esperando devorarnos. La puerta de entrada está cerrada a piedra y lodo, el puente está levantado y, además, hemos construido una fuerte muralla para que nadie pase. El problema es que no nos dimos cuenta de cuándo nos quedamos afuera y no sabemos cómo regresar. Lo paradójico es que somos las únicas capaces de encontrar el camino para regresar a nuestro propio castillo.

Debemos ser lo suficientemente valientes para emprender este regreso, atrevernos a derrumbar la muralla, atravesar el pozo enfrentando a las bestias para entrar a reconquistar nuestro espacio. Abrirnos camino hacia esa anhelada cúpula en donde radica nuestra luz. Una vez adentro podremos accionar el puente y bajarlo o subirlo cuando lo decidamos.

La muralla del castillo representa todos nuestros condicionamientos, mecanismos de defensa e ideas rígidas; el pozo, el inconsciente; el agua, los sentimientos y emociones que hemos reprimido durante años; las bestias, los grandes miedos que se esconden en tu profundidad. Cuando enfrentamos tales miedos, nos percatamos de que las bestias son en realidad pequeños peces que nos asustaron de niñas y con el tiempo los agrandamos en nuestra mente. Por supuesto, podemos encontrar uno que otro muy grande, pero el deseo de llegar a casa nos ayudará a vencerlos.

El primer ejercicio que te propongo es que tomes un cuaderno y lápices de colores. Dibuja tu castillo, tu foso con las bestias. Si te es posible ponle nombres, los que surjan de tu voz interna. Dibuja la muralla, tan grande o ancha como quieras. Finalmente dibújate a ti en el lugar que te encuentras, en relación con el castillo y los demás elementos. Guarda el dibujo, lo usaremos más tarde.

El gran engaño

A mis talleres llegan mujeres de todas las edades y estratos sociales: solteras, casadas, divorciadas. Algunas vienen atraídas por el profundo anhelo de ser amadas, de tener una pareja y poder formar un hogar, pero no comprenden por qué el amor no llega. Muchas piensan que debe de haber muchas cosas incorrectas en ellas, porque no son capaces de encontrar al hombre que las hará felices. Otras viven en pareja, con hijos, pero de alguna manera perdieron el rumbo de su vida. Han invertido años y energía para sostener el sueño del amor, de la casita y la familia perfecta, pero a lo largo del tiempo ese sueño ha perdido sentido, ya no es suficiente y, ante el enorme vacío que esto trae, buscan la manera de recuperar sus vidas.

Otras mujeres han dejado atrás una mala historia de amor o simplemente nunca lo han encontrado. Ante lo vivido o no vivido, han abandonado el deseo de tener un matrimonio e hijos, y aunque logran hacer que sus vidas funcionen en las áreas prácticas, en el proceso han perdido la inocencia y confianza, y sus corazones se han cerrado; incluso se vuelven un poco cínicas en todo lo relacionado con el amor.

Precisamente, este libro trata sobre la búsqueda de todas nosotras como mujeres sin importar nuestras circunstancias actuales. El objetivo es lograr detenernos un momento en esta loca carrera y echar una mirada profunda a nuestras vidas. Sobre todo, preguntarnos: ¿cuál es mi más profundo anhelo?, ¿qué falta en la pintura de nuestras vidas y cómo encontrarlo? Después de escuchar a tantas mujeres, me parece que la respuesta a estas preguntas, eso que todas buscamos, se llama *amor* y el único lugar en donde podemos encontrarlo es dentro de nosotras mismas. Llevamos años buscándolo afuera de nosotras, ése ha sido el gran engaño.

Es inútil —ya algunas nos hemos dado cuenta— seguir buscando afuera nuestra felicidad en un marido e hijos, en el trabajo, el dinero, los viajes, los gurús... Nada que esté afuera tiene la respuesta que buscamos, no importa lo que hayamos vivido en casa ni lo que nos hayan dicho, no se trata de hacer o lograr algo. No. Se trata de ser y aprender a amar y aceptar lo que somos, sólo así abriremos el espacio para la transformación.

No me gusta la palabra cambiar, por eso hablo de transformación. La oruga se transforma en mariposa, no cambia para ser otro animal. No cambia a gato porque le hayan dicho que ser oruga es incorrecto. Simplemente su naturaleza, su flujo natural es transformarse en un bello ser alado y volar, en vez de caminar en cuatro patas.

Dentro de todas las cosas que mi madre me decía en su afán de ayudarme a ser mejor es que yo era como un bloque de yeso y adentro había una hermosa escultura, lo único que tenía que hacer era quitar lo que sobraba. Eso fue muy sabio, sólo que ella se refería a mis kilos de más, y lo que he aprendido es que en realidad lo que debe quitarse es todo aquello que no tiene nada que ver con lo que realmente somos: lo que bloquea el resplandor de nuestra luz interior, lo que nos ha mantenido afuera de nosotras, de nuestra casa.

> *No es fácil encontrar el amor dentro de una misma, pero no hay manera para encontrarlo afuera.*

No recuerdo bien en dónde leí este pensamiento, pero me encantó cuando lo encontré y decidí memorizarlo. Así es el camino: nada fácil. Estamos tan acostumbradas a buscar afuera, que cuando nos dicen que el asunto es para adentro, nos aterramos. Es demasiado confuso y no es tarea sencilla, pero no hay más que hacer. Si queremos estar en paz, en armonía, en amor con el mundo no hay otra manera para lograrlo. Lo demás llegará solito.

◆ HISTORIA DE TERESA ◆

Teresa es una mujer muy hermosa, de unos cuarenta años, divorciada y con dos hijos. Después de diecisiete años de matrimonio, su esposo la dejó por otra mujer. Ella se casó joven, después de terminar una carrera que nunca ejerció: la licenciatura en PMMC (Por Mientras Me Caso). No era necesario que trabajara, puesto que su esposo contaba con los medios para que tuvieran una buena vida y ella pudiese dedicarse a cuidar la casa. Su boda fue hermosa, se realizó en una gran iglesia de una de las mejores colonias de la ciudad. Asistieron las familias y los amigos. Por supuesto, el banquete fue perfecto. Ella lucía bellísima; él, un modelo de elegancia. Así, juntos, finalmente felices, empezaron su historia. Para Teresa era como si hubiese alcanzado el sueño de su vida: el sufrimiento quedaba atrás, la sensación de no ser suficientemente hermosa, inteligente, valiente, esto, aquello… quedaba atrás. Ya no tendría que preocuparse por su vida, había llegado el príncipe que la cuidaría para siempre.

Teresa dedicó los siguientes años de su vida a completar el cuadro de la vida perfecta que dibujó en su mente cuando era pequeña.

Teresa era hija de un padre alcohólico y una madre totalmente codependiente, y la más pequeña de tres hermanos: el mayor, un niño que no hacía nada bien y se desquitaba con ella; la segunda, una hermana que los arrollaba con su tamaño y personalidad. Teresa siempre se sintió un poco invisible, como si fuera una figura desdibujada a quien nadie prestaba demasiada atención.

Fue buena estudiante, magnífica hija, nunca dio demasiada lata a sus padres. De alguna manera, ella se identificaba más con su madre que con su padre. Trataba realmente de ser "buena", de encajar en el papel de niña bonita que le tocó en esa familia. No peleaba con ninguno de ellos e incluso se echó voluntariamente algunas culpas de acciones cometidas por sus hermanos para que no los castigaran a ellos. Era un ejemplo a seguir.

Su familia era un verdadero caos: las parrandas del padre y su presencia agresiva cuando estaba en casa, la madre intentando controlar todo para crear una imagen de perfección, el hermano fracasando en casi todo lo que intentaba y una hermana caótica compitiendo con el hermano, con quien peleaba constantemente. En medio de todo eso, Teresa se sentía aterrada y se escondía en su rincón.

Teresa, quien siempre fue una niña linda, se convirtió en una hermosa adolescente y aprendió a usar su belleza para compensar las cosas que no tenía —al menos ésa era su sensación—, tales como seguridad en sí misma, inteligencia, viveza y una lista de cosas que siempre se negó a ver en su persona.

Su arma más poderosa siempre fue la belleza y se valió de ella para conseguir un marido "perfecto" que le ayudara a formar una familia "perfecta", no como la familia caótica en la que creció. En este sueño depositó su valor, su sentido, su vida.

Cuando sus hijos nacieron, completaron el cuadro. Teresa no tenía tiempo para nada que no fuera su familia, todo debía ser perfecto, todo tenía que ser de acuerdo con su sueño. Dio carpetazo a su vida anterior y se creó una personalidad muy parecida a la de su madre: la esposa-mamá perfecta. La diferencia estaba en que ella sí tenía un "buen" marido, sí había logrado encontrar al hombre que la acompañara de manera amorosa y que además quisiera ser parte de su guión.

Diecisiete años después de la boda, con dos hijos y muchos años en los que Teresa se escondió y se perdió detrás del papel de la Señora Fulanita de Tal, el alejamiento de su esposo era evidente, aunque Teresa siempre lo disculpaba o negaba. Después de todo eso, su marido le anunció que se iba. Había encontrado el amor de su vida y no pensaba dejarlo. A pesar de los ruegos de Teresa, él tomó sus cosas y se lanzó a vivir esta nueva etapa. (Dato interesante: el marido sólo duró dos años con el "amor de su vida" y desde entonces va de pareja en pareja, pero esa es otra historia.)

Teresa llegó al grupo totalmente desecha, abatida tras haber perdido en menos de un año lo que ella consideraba lo más importante en su vida, que era la satisfacción de lograr lo que nadie en su familia había tenido: un matrimonio perfecto y una vida familiar de ensueño. Ahora todo lo que traía con ella era una profunda tristeza y la sensación de haber fracasado de la manera más rotunda. Durante años, su autoestima dependió totalmente de ese mundo creado por ella; cuando éste desapareció, no encontró nada más que la sostuviera.

Cuando vi por primera vez a Teresa, saltaba a la vista el profundo sufrimiento y el estigma de mujer abandonada escrito sobre su rostro. Cuando se abrió ante el grupo y compartió su historia, me impresionó su dulzura, ese gran corazón y toda la sabiduría que adquirió durante este proceso. Su luz era inmensa, irradiaba desde lo más profundo de su ser. Casi todos podían notarla... menos ella. En realidad, ése era su mayor dolor.

◆❖◆

El secreto de la felicidad

Cuando éramos niñas, en algún momento de nuestro desarrollo buscamos afuera una mirada que nos reflejara y enseñara lo que significa ser mujer. ¿Qué encontramos? Miradas de mujeres tristes, apagadas, confundidas y, sobre todo, miradas vacías de ese amor que anhelamos. Miradas quizá fijas en el afuera, en el anhelo de encontrar también ellas su propio valor como mujeres por medio del amor externo.

Recuerdo que siempre me pareció que las mujeres de mi familia miraban a los hombres, como si ellos fueran los celosos guardianes del secreto de su felicidad, de su plenitud, como los poseedores del poder para hacerlas sentir completas, pero que por alguna razón no les permitían el acceso a este secreto. Alguna vez, en una terapia me pidieron dibujar a mi familia. Recuerdo que dibujé a mi madre parada entre nosotros, sus hijos, y a mi padre lo dibujé aparte, lejano, haciendo sus cosas, la mirada de mi madre muy fija en él, como si su vida dependiera de lo que él hacía.

Esta forma de vivir la aprendemos no sólo de las mujeres en casa, también nos la enseña la sociedad por medio de cuentos e historias infantiles, de películas y novelas, de anuncios y campañas publicitarias que muestran a la mujer, por exitosa que sea, siempre en la búsqueda del amor. Y las mujeres creemos, esperamos, y buscamos, no importa qué tan desastrosa sea nuestra vida, pensamos que cuando finalmente llegue el Príncipe Azul todo será perfecto repentinamente, que nuestras vidas mediocres e incompletas (porque así las vivimos) se llenarán de amor, de luz y la vida será un Jardín del Edén.

Pasan los años y, después de varios intentos fallidos, algunas mujeres se dan por vencidas, deciden tomar la vida en sus manos y se lanzan a conquistar el mundo. Muchas consiguen ser profesionistas importantes, ejecutivas, empresarias, logran llegar más alto de lo que sus madres o tías jamás soñaron. Y piensan que quizá esto sea en realidad el secreto de la felicidad, que tal vez encontraron una forma de ser mujeres, diferente a la de las madres y abuelas: sumisas y dependientes.

Pero aun a esas alturas, el profundo anhelo de una mirada amorosa, de sentirse completas, permanece escondido en algún lugar; pero ese anhelo, al igual que todo aquello que no se ha resuelto internamente, vive su propia vida dentro de nosotras, molestándonos desde el inconsciente de mil formas: compulsiones, obsesiones, adicciones, desórdenes alimenticios, dependencias disfrazadas, etcétera.

Otras mujeres simplemente deciden continuar el mismo camino trazado por sus madres y abuelas: buscar a un buen hombre, casarse, tener hijos y vivir la historia de la "familia feliz". Claro, parece ser la respuesta adecuada, pero al final están cansadas, desilusionadas y tan perdidas como las primeras.

¿Qué crees? Él siempre fue así

El asunto es que todas seguimos buscando el amor prometido, llenas de creencias y condicionamientos de lo que significa ser mujer y de cómo podemos ser felices y sentirnos plenas.

Lo que más necesitamos urgentemente como mujeres es un sentido de valía personal. Pareciera que dentro de nosotras faltase una pieza que nos impidiera sentirnos completas y ponemos toda nuestra energía para tratar de encontrar este pedazo faltante en algo externo. A veces me da la impresión de que estamos muy ocupadas construyendo el rompecabezas de nuestras vidas; en ese momento conocemos a un hombre con características más o menos similares a las que buscamos; entonces lo tomamos y, de una manera u otra, hacemos que encaje en nuestro rompecabezas.

Años después volteamos a ver a ese hombre y nos sorprende descubrir que no sabemos quién es. ¿Qué pasó con el hombre de quien nos enamoramos y a quien prometimos amor eterno? Entonces nos enojamos, sufrimos y quizá hasta le echamos en cara que haya cambiado tanto; la noticia es que, en realidad, no cambió, simplemente no supimos quién era. Nos pareció que podía llenar el molde y lo arropamos con características que seguramente nunca tuvo.

Buscamos desde los vacíos, desde nuestras necesidades, desde la parte infantil que sigue anhelando un papá que nos cuide, proteja y ame incondicionalmente. Proyectamos todas estas necesidades en un hombre y en otro, como si fueran pantallas ambulantes. Nos enamoramos antes de saber a quién tenemos enfrente. Y así sucede una y otra vez.

Sin embargo, la buena noticia es que hay algo muy positivo en todas estas proyecciones. Se trata de características que yacen dormidas en nosotras, cualidades que ponemos en el otro y que no estamos viendo en nosotras. Por eso mencioné que la pareja puede ser una gran ayuda para conocer nuestro propio inconsciente. He visto a mujeres muy polarizadas al lado femenino que se enamoran de hombres muy protectores, casi paternales con ellas. En mi visión, la parte inconsciente de estas mujeres está intentando integrar su parte masculina a través de sus proyecciones y el personaje externo.

El verdadero problema es que en vez de reconocer esto y trabajarlo, nos perdemos en la proyección, en el hombre de afuera. Creemos que la solución a nuestro problema se encuentra en el exterior y no prestamos atención a lo que sucede adentro. Así perdemos la excelente oportunidad para dar un gran salto en nuestro crecimiento.

◆ HISTORIA DE GABRIELA ◆

Gabriela llegó al taller con Teresa. Eran amigas desde la secundaria y fue quien la convenció de venir al grupo, estaba ahí para apoyarla en lo que fuera. Es una mujer aparentemente muy segura de sí misma, extrovertida y llena de energía. Se presentó como gerente comercial de una empresa importante, una mujer exitosa, de grandes logros profesionales y totalmente independiente.

A diferencia de Teresa, Gaby es una mujer que creció convencida de que la familia perfecta no existe, que el amor es una gran mentira y que lo único que realmente sirve es el dinero y el poder. La madre de Gabriela era una mujer educada a la antigua: sumisa, obediente, completamente dedicada a la familia y a lograr que su hogar marchara a la perfección. Mientras que el padre era un hombre conservador y muy dominante, mucho más grande que su madre. Para él lo único importante era el trabajo y cumplir con las obligaciones económicas. Por supuesto, era el jefe y toda la familia debía obedecerlo; su frase favorita era: "el que paga, manda".

Cuando Gabriela comenzó a contar su historia en el grupo, su voz era firme, fuerte y llena de orgullo por los logros alcanzados. Platicó cómo desde pequeña se había trazado la meta de la independencia: a ella ningún hombre la controlaría con el dinero y nadie le iba a decir qué hacer. Años antes se había alejado de su familia porque su padre nunca aceptó su forma de vivir y porque ella no soportaba ver a su madre aguantando los malos tratos y el despotismo del esposo.

Desde que terminó la universidad —que ella misma pagó porque su padre no entendía ni aprobaba que una hija suya deseara una carrera— consiguió un trabajo y se salió de su casa. Gabriela había tenido un par de relaciones amorosas en la universidad, nada serio. Cuando empezó a trabajar y a vivir sola inició una serie de romances que no pasaron de salidas a bares, fiestas y algunas noches de sexo. Gabriela disfrutaba mucho salir y tomar unas copas con sus amigos, aunque frecuentemente eran más que sólo unas copas. Para ella, esto no representaba un problema, puesto que era una mujer muy responsable. Después de cada borrachera se despertaba para curarse de mil maneras las crudas, se arreglaba y se iba a trabajar, como si nada.

Gabriela se sentía muy bien con su vida, aunque con el tiempo algunas cosas empezaron a molestarle. De pronto sentía que el trabajo no la llenaba como antes, que las fiestas eran cada vez menos frecuentes o no la invitaban tanto como antes. La mayoría de sus amigas y amigos se habían casado, tenían hijos y, por supuesto, llevaban una vida muy diferente a la de ella. Había fines de semana en que se encontraba totalmente sola y decidió que eso no debía ser problema. Para llenar su soledad salía a algún restaurante de moda, llevaba un libro, ordenaba una deliciosa comida, siempre acompañada por una botella de vino. "¿Quién puede sentirse sola ante tales delicias?", se decía para convencerse a sí misma. Pero últimamente, cuando se encontraba de regreso y sola en su casa, se servía más copas, se sentaba a ver algo en la televisión y por la mañana encontraba una o dos botellas de alcohol vacías. Esto la hacía sentirse mal y en un estado de ansiedad que no podía controlar. Comenzó a llorar mucho, cada vez se prometía que ya no tomaría tanto, pero el siguiente fin de semana la historia se repetía invariablemente...

Otro asunto que le fastidiaba era la relación que llevaba con un hombre casado, un compañero de trabajo con quien se había involucrado sexualmente en los últimos meses. Se veían sólo entre semana y cada jueves pasaban algunas horas juntos, después del trabajo, en el departamento de ella. Al inicio, Gabriela la consideraba una relación perfecta: nada de compromisos ni condiciones, sólo ratos agradables y algunas veces una salida a lugares lejanos al rumbo donde él vivía. Gaby podía conservar su preciada independencia y disfrutar semanalmente de este romance, sin sentirse encadenada.

Posteriormente, la relación ya no le parecía tan divertida ni conveniente como al principio. Sentimentalmente, ella se involucraba cada vez más con él. Los fines de semana lo extrañaba terriblemente y el tiempo que pasaban juntos ya no era suficiente, deseaba más, lo que él no estaba dispuesto a darle. Era un riesgo demasiado grande para él y simplemente no era parte del contrato inicial.

Gabriela y Teresa habían dejado de verse durante mucho tiempo, dado que sus vidas eran completamente diferentes.

Cuando Gaby supo por un tercero que Teresa se había divorciado, la buscó. De manera inconsciente, para Gaby la situación de Teresa le permitía acercarse a otro ser humano y aliviar de alguna manera su propia soledad, con el pretexto perfecto de acompañarla durante ese difícil trance y alentarla a reconstruir su vida. Por supuesto que existía un profundo cariño entre ambas, ya que habían compartido una gran amistad durante años, pero en estos momentos Gaby necesitaba urgentemente algo que la hiciera sentirse bien con ella misma, alguien más débil, más desolado a quien cuidar, y Tere era la persona perfecta para ello.

Gaby simplemente no podía ver su propia necesidad ni su gran vulnerabilidad, así que era mucho más fácil proyectarla en Teresa. Esta última no reconocía su propia fuerza y coraje, por lo que se sentía apoyada y sostenida por Gabriela.

◆❖◆

Aunque inconscientemente, juntas decidieron ayudarse para reconocerse desde su interior y no por todos los factores externos (familia, exmarido, examante, hijos...) que las rodeaban. Se dieron la oportunidad de encontrarse a sí mismas y no buscar en otras personas.

◆ HISTORIA DE INÉS ◆

Inés llegó al grupo con una sonrisa. Cuando alguien le preguntaba cómo estaba, invariablemente daba la respuesta socialmente aceptada: "Muy bien, gracias" y sonreía aún más. En el taller, siempre se ofrecía a ayudar: colocaba cojines, recogía *clínex* del suelo o abrazaba a quien ella pensaba que lo necesitaba, anticipándose, casi adivinando, las necesidades de los demás.

Inés es una mujer corpulenta, de aproximadamente 55 años, y si uno observa cuidadosamente su rostro, puede vislumbrar un dejo de tristeza en sus ojos y un cansancio abrumador debajo de esa perenne sonrisa. Madre de cinco hijos, adultos todos, fuera ya del hogar materno y viviendo su propia vida. Su esposo es un hombre más bien callado, responsable, un poco gris, lo que se llamaría una buena persona. Él ocupa todo su tiempo entre el trabajo y la televisión, y alguna que otra escapada con sus amigos para ver el futbol cuando juega su equipo favorito.

Durante años, Inés dio sentido a su vida al cuidar a su familia, mantener su casa limpia, lavar la ropa, cocinar durante horas para proporcionarles platillos deliciosos, supervisar tareas, participar en la mesa directiva de padres de familia en la escuela de sus hijos y ayudar en la comunidad religiosa a la que pertenecía. Si alguna vecina se enfermaba, ella siempre estaba presta para llevar a sus hijos a la escuela e incluso cocinar para ellos. Inés obtenía una profunda satisfacción al sentirse útil para su familia y en la comunidad.

Por supuesto, durante estos años nunca tuvo tiempo para ella y francamente no le interesaba tenerlo. Ella consideraba banal, egoísta y totalmente absurda cualquier actividad que implicara apapacharse o cuidarse a ella misma, como hacer ejercicio, salir con amigas o ir al cine —a menos que hubiese sido para llevar a sus hijos y amiguitos a ver películas infantiles—. Lo más importante era cuidar tanto a su gente como a cualquiera que lo necesitara, lo demás simplemente no era de su interés.

Ella hablaba de esta fase de su vida con mucho orgullo. Se congratulaba por haber sido tan buena madre, esposa y amiga. Sin embargo, y esto lo decía como si estuviese confesando algo muy doloroso, últimamente se sentía totalmente inútil, como si todos la hubiesen sacado de la jugada. Fuera de las veces en que alguno de sus hijos la llamaba para pedirle que cuidara a alguno de los nietos, de ciertos domingos en los que todos se reunían en la casa materna, se sentía como si cada uno, incluido su esposo, hubieran reconstruido sus vidas, alejados de ella.

Inés siempre fue una mujer llenita, pero en los últimos años había aumentado considerablemente de peso. Comía todo el día, pero no se daba cuenta de ello, y al doctor le decía que apenas si probaba bocado. Así era a la hora de la comida —antes con sus hijos, ahora con esposo y a veces nietos— ella les servía a todos y se quedaba parada, atenta a lo que necesitaran. No se sentaba a comer y, por lo mismo, sentía que casi no probaba bocado durante la comida. Pero mientras preparaba los platillos no paraba de llevarse pequeñas porciones a la boca, con el pretexto de probarlos para que estuviesen bien de sabor. Comía de todo y mucho, pero no se sentaba a la mesa. Al final, mientras recogía y lavaba los platos, engullía las sobras. Durante el día, mientras realizaba sus labores, también comía y comía, siempre parada y de prisa, casi sin darse cuenta. En la noche solía quedarse viendo televisión hasta tarde y aprovechaba para comer enfrente del aparato lo que encontrara en el refrigerador, que nunca era poco. Cocinaba cantidades exageradas porque estaba acostumbrada a hacerlo para una familia grande y no calculaba las cantidades para ellos solos, seguía cocinando como si aún vivieran todos en casa.

Hacía poco tiempo que había caído enferma, víctima de algún virus, y estuvo en cama varios días. Las vecinas a quienes ella siempre ayudó estaban demasiado ocupadas para ir a visitarla y ver qué se le ofrecía. Sus hijos e hijas sólo la llamaban por teléfono para cerciorarse de que estuviera bien, pasaban rápidamente para llevarle algo, pero nunca con el tiempo suficiente para sentarse y platicar. Presentía que el mayor pesar de sus hijos era que ella no podía cuidarles a los nietos mientras estuviese enferma.

Una noche, cuando ya se sentía un poco mejor, como no podía dormir bajó cuidadosamente para no despertar a su esposo, sacó una caja de galletas y se sentó a comerlas junto a la mesa. Tras haber terminado el contenido, continuó con el helado. Finalmente se sintió mal por haber comido tanto. De pronto, como niña pequeña, sin saber qué pasaba, rompió en llanto. Cuando pudo parar de llorar, subió de nuevo a su cuarto y de forma silenciosa se acostó en la cama y se durmió.

Esa noche soñó que estaba en una casa antigua, caminando por un largo corredor lleno de personas que hablaban entre ellos en voz baja. Inés se acercaba, la miraban y se reían de ella. Ella traía en sus manos una pequeña cajita forrada con papel azul brillante y un gran moño. Quería dársela a alguna de estas personas, pero ellas se alejaban a toda velocidad en cuanto se acercaba. La gente rechazaba la cajita, riéndose a carcajadas mientras se retiraban. Cuando finalmente en su sueño todos se fueron, ella se sintió muy sola. Se sentó en una silla del corredor y rompió a llorar, con su cajita entre las piernas. Cuando despertó, estaba tan triste que decidió buscar ayuda.

◆⁛◆

Inés tiene un gran corazón y, como muchas otras mujeres, creció con un fuerte condicionamiento de complacer, de hacerse necesaria, de cuidar a los demás. Desde pequeña fue "entrenada" para estar siempre pendiente de las necesidades de los demás pero nunca atender las propias. Cuando ella llegó al grupo, no tenía idea de cuáles eran sus propias necesidades, mucho menos que tenía derecho a tenerlas y a satisfacerlas. Inés consideraba que las mujeres nacen para hacerse cargo de los demás. Siempre alimentó secretamente la esperanza de que, si se portaba de modo amable, la gente la querría, y de paso curaría un poco la profunda herida de no sentirse digna de ser amada.

Inés llegó con una profunda depresión, resultado de años de tragarse emociones y de ignorar sus necesidades. Acostumbrada a comer y comer para sentirse mejor, llegó un momento en que ya los alimentos no le dieron ese bienestar. Al contrario: después de cada atracón se hundía más y más. Después del sueño, algo explotó dentro de ella, así que decidió hacer algo para estar mejor. Sin saber aún qué camino tomar, optó por prender el radio; coincidentemente en ese momento me encontraba yo en un programa hablando sobre la codependencia y el dolor de vivir fuera de una misma. Se sintió reflejada en uno de los personajes que usamos como ejemplo y decidió tomar el riesgo e intentar algo nuevo en su vida.

CAPÍTULO II

Codependencia emocional

Por eso rómpeme, mátame,
pero no me ignores, no, mi vida
Prefiero que tú me mates
que morirme cada día

"Rómpeme, mátame"
canción de TRIGO LIMPIO

Yo, víctima

D URANTE MUCHO TIEMPO escuché la palabra *codependiente* sin entender realmente qué significaba. Pensaba que sólo se aplicaba para las esposas de los alcohólicos. Me las imaginaba cuidando al marido borracho, limpiando sus vómitos, ayudándolo a llegar a su recámara cuando no podía ni caminar y, a la mañana siguiente, llamando al jefe para darle alguna excusa porque el señor no podía ni levantarse. Como yo no hacía esas cosas, pues me convencí de que seguramente no era codependiente.

También creía que la codependencia era característica únicamente de la mujer, hasta que vi la película *Cuando un hombre ama a una mujer*. Me sorprendí ante el hecho de que también los hombres pudiesen serlo. Claro, es una película estadounidense y me parecía que, salvo excepciones, en nuestra cultura latina siempre es más común que sea la mujer la codependiente. Entonces era incapaz de darme cuenta de que las adicciones constituyen una estrategia del adicto para huir de sus dependencias emocionales. Lo confieso: de entre muchas de las maneras de la codependencia, aprendí la mejor, la experiencia propia.

Justo estaba en medio de una relación sumamente enferma, basada en la pasión, en la lucha de poder, en celos, posesión y sobre todo control, cuando llegó a mis manos el libro de Robin Norwood, *Las mujeres que aman demasiado*. Recuerdo que me lo llevé durante un viaje que hice con esta pareja. En los momentos que podía, leía algunas páginas. Llevé conmigo el libro, como si pudiese darme lo que necesitaba para alejarme de esta situación. Lo usaba para reafirmarme que en esa relación yo era la víctima.

Sí, el libro me dio luz ante lo que yo estaba viviendo, aunque entenderlo no me proporcionaba las herramientas suficientes para superarlo, pero al menos algo estaba viendo de mí misma en la lectura. Sin embargo, el título me hizo mucho ruido, me parecía incongruente. Mi cuestionamiento era y sigue siendo: ¿qué tiene que ver el amor con las relaciones tóxicas? No me parecía que lo que sentíamos en demasía fuera amor, aunque para algunas mujeres esta forma de "amar" es algo de lo que incluso se enorgullecen, como si el amor implicara aguantar humillaciones, castigos y todo tipo de situaciones nocivas, con tal de demostrar que realmente amamos.

Cuando comencé mi relación con esta persona, estaba recién divorciada y tenía una hija pequeña, Ligia —o Dassana, su nombre espiritual de ahora—. En aquel tiempo yo formaba parte de un grupo de crecimiento, uno de los primeros que inició el doctor Carlos de León de Wit en México. Cada sesión era un verdadero despertar de la conciencia, pero me alejé poco a poco de dicho grupo, justamente cuando conocí al hombre en cuestión. Era tal mi deseo de estar con él, que no quería nada que me alejara de esa relación. Sentía que si continuaba en los talleres, me alejaría de él. Preferí la más ruda de las formas para vivir el noviazgo. Aunque continuaba asistiendo a los talleres con Carlos, mi compromiso con el grupo ya era muy débil. Si mi hombre me llamaba, echaba todo por la ventana para correr a su lado. Él era realmente lo único que me importaba en aquellos años.

La vida es una maestra sabia y compasiva. Agradezco profundamente que me tomara en sus manos y me fuera llevando hacia la sanación

Cuando finalmente pude poner un alto a esa relación —después de engaños, mentiras, amenazas y malos tratos— me fui de México con la autoestima hecha pedacitos, totalmente destrozada por dentro, con el corazón muy lastimado, pero viva y dispuesta a aprender a cuidarme. Viví en Guadalajara un año, en donde recibí la ayuda y apoyo de mi hermano mayor, quien siempre ha sido uno de los grandes maestros de mi camino. Mi hija se fue ese año con su padre y al siguiente partimos juntas a Puerto Vallarta.

Ese año en Puerto Vallarta fue muy intenso. Mi padre vivía allá y pude hablar con él. Con ello resolví ciertos temas, lo cual fue muy importante para mí porque mi papá se suicidó al año siguiente. Cuando eso ocurrió, yo vivía en Milwaukee, con mi hija y con Dennis, un hombre a que conocí en Vallarta; me había propuesto matrimonio y acepté irme con él. De alguna manera seguía huyendo de mis excesos, de mis inseguridades y creí que esta vez había encontrado a alguien que realmente me cuidaría y se haría cargo de mí y de mi hija.

Dennis llegó a mi vida entre flores, música de violines y promesas de amor eterno. Continuamente me decía que no me preocupara de nada, que él se haría cargo de todo. Me dejé convencer muy fácilmente, porque eso era lo que quería: un hombre que se responsabilizara de mi vida. Renuncié a mi trabajo, tomé a mi hija y nos fuimos. Tres meses más tarde, al mismo tiempo que la muerte de mi padre, empecé una época muy difícil, pero sanadora: ingresé a un grupo de codependencia y adicciones.

Gracias a Nick —un psicoterapeuta y primer maestro en estas cuestiones—, pude darme cuenta de que ni Dennis ni nadie tenían que hacerse cargo de mí. Para ser sincera, la relación no iba nada bien. Una cosa es la fantasía y lo que se habla cuando se está en la etapa del enamoramiento y otra muy diferente la realidad cotidiana. Al año siguiente, mi hija y yo regresamos a México.

De regreso a mi país, ingresé exitosamente en el mundo corporativo, al que renuncié cuando llegué a la cúspide. Ya no quería seguir trabajando en empresas. Tenía necesidad de algo diferente, por ello me retiré. Durante todo ese tiempo mantuve mi compromiso de trabajar en mí, sin importar el resto de mis actividades. Por eso asistía a talleres y grupos, tanto de la escuela de Carlos de León como con otros maestros. Este trabajo fue esencial para mí, pues ha sido la brújula que siempre me ha guiado: la meditación, las terapias y el trabajo de autoconocimiento.

Años después llegué de una forma mágica al Osho Center, donde trabajé como directora. Ahí tuve la maravillosa oportunidad de conocer más profundamente el legado de Osho —Maestro y místico hindú— por medio de los terapeutas, escuchando sus discursos, leyendo sus libros y, sobre todo, gracias a sus meditaciones y los talleres impartidos en ese lugar. Ahí algo me hizo madurar. Finalmente pude, poco a poco, dejar atrás la imagen de "pobrecita yo", las historias de dramas y relaciones tortuosas para alcanzar un estado de relajación y paz, que me era totalmente nuevo.

Uno de esos talleres fue el de codependencia, un trabajo basado en el modelo de Krishnananda, alumno de Osho, quien me llevó a una experiencia y entendimiento mucho más profundo de ese estado, que llamamos codependencia. Entendí que "amar demasiado" no tiene nada que ver con el amor sino con la devastadora falta del mismo. Que la mayoría somos seres con profundos miedos y que actuamos desde ahí sin darnos cuenta. Tales miedos son los que nos llevan a engancharnos en relaciones tóxicas, siempre esperando que ese hombre nos dé el amor que estamos necesitando tan desesperadamente y que somos incapaces de darnos a nosotras mismas.

¿ Te haces cargo de mí, por favor ?

La codependencia es un estado en el que se encuentra el ser totalmente enajenado, solitario, aislado del mundo y de sí mismo. Se trata de un estado de soledad y vacío que intentamos llenar con cosas del exterior, sin resultado alguno. Como nos involucramos en relaciones desde este tremendo vacío, buscando quien llene los huecos, adivine nuestras necesidades y sea capaz de satisfacerlas, cuando no lo hace nos ponemos como locas, exigimos, reaccionamos y nos protegemos aun más.

La codependencia también implica una serie de condicionamientos familiares, sociales y culturales e ideas acerca de lo que debemos ser y hacer, cómo comportarnos y relacionarnos. En fin, todo un manual de cómo vivir. Algo para enloquecer a cualquiera.

En mi vida, la codependencia se manifestaba por medio de la obsesión de encontrar al hombre que se hiciera cargo de mi niña interna y, de paso, de la externa. Me di cuenta del tremendo miedo, pavor en realidad, que tenía ante la vida. Me causaba terror pensar que yo tenía que ser responsable de mí y de mi hija, me sentía sola y desesperada en es-ta lucha, incapaz de crear por mí misma una vida bella y de enseñarle a Dassana cómo hacerlo. Vivía bajo un genuino estado de terror y no me daba cuenta. Esta era mi verdadera enfermedad, lo cual me impulsaba a hacer toda clase de locuras con el fin de no sentir la profunda angustia que todo me causaba. Mi niña interna vivía en estado de shock.

Y parecía tan feliz...

No todas las historias de relaciones codependientes deben ser terriblemente drásticas, algunas son más sencillas y suenan menos complicadas, pero no dejan de ser dolorosas, porque lo que causa el sufrimiento es el estado de desconexión con una misma.

En las mujeres que llegan al taller —y que aparentemente tienen su vida bajo control—, siempre existe algo que no les permite estar en paz, algo que las hace estar deprimidas, tristes y convencidas de que no tienen derecho a sentirse plenas, a ser felices. Ciertamente todas nos hemos criado entre familias en cierto grado disfuncionales, unas más y otras menos. En una sociedad tan disfuncional como en la que vivimos, lo sorprendente sería lo contrario. Algunas de estas mujeres vienen de hogares e infancias marcadas por la presencia de un padre o madre adictos, aunque no siempre es así.

Por otro lado, también es cierto que muchas de ellas hablan de una infancia relativamente feliz, padres responsables que estuvieron presentes y atentos a la educación de los hijos, padres un poco estrictos, quizá incluso no muy afectivos, pero que indudablemente hicieron todo lo posible porque sus hijos fueran personas de bien, con una buena educación y valores apropiados. Seguramente así fue, porque es la manera en que nuestros padres y los papás de ellos aprendieron: cada quien ha hecho lo mejor que ha podido. No hay duda al respecto.

Sin embargo, es importante entender que —a pesar de la buena voluntad de nuestros padres— no hemos recibido todo lo que necesitamos de niños para completar nuestro desarrollo y, por ende, seguimos llevando esa parte infantil, la niña interna es la que reacciona y controla nuestro mundo emocional. Por ejemplo, tal vez seas una gran profesionista, exitosa, la has hecho en la vida y, sin embargo, dentro de ti guardas miedos, emociones, culpas y una serie de elementos que tarde o temprano, si no eres capaz de verlos y trabajarlos, harán que tu vida se salga de control. Es mejor aprender a aceptarlos como parte de lo que eres y no esconderlos, pretendiendo que no están ahí.

◆ MÓNICA Y LAS EXPECTATIVAS ◆

Mónica es una mujer con una vida casi perfecta: tiene un excelente trabajo, lleva una buena relación con sus compañeros y jefes, viaja y se divierte mucho. Recuerda su niñez como un periodo relativamente feliz. Hija única, siempre se sintió muy amada por sus padres, muy apreciada. Ellos la apoyaron en todo lo que quería emprender. De niña fue una excelente deportista, campeona constante de natación, atleta sobresaliente en la escuela, gran oradora y líder de sus grupos.

Su padre siempre ha estado muy orgulloso de ella, y para Mónica siempre ha sido bastante importante esto. Ella sentía que tenía que ser cada vez mejor para no decepcionar a su papá. Su madre no estaba muy presente, aunque era una mujer amorosa. Quien realmente la acompañaba y alentaba era su papá. Su mamá prefería quedarse en casa, ir al salón de belleza y salir con las amigas, dejando a Mónica y a su padre en todas estas actividades, que eran de poco interés para ella. Mónica creció buscando siempre satisfacer las expectativas de su papá, con la esperanza de ser la hija perfecta.

Todo parecía funcionar correctamente en la vida de Mónica, excepto que últimamente algunas partes de su vida no encajaban muy bien. La figura de la pareja era un área totalmente árida para ella. Había tenido un par de novios en la preparatoria a los que terminó porque no tenía tiempo para perder en esas relaciones. Más tarde, en la universidad, conoció algunos chicos interesantes, pero cuando salía con ellos algo cambiaba y le dejaban de gustar. El único hombre que realmente la atrajo fue un maestro que conoció en el tercer semestre de la carrera, que además de guapo era sumamente inteligente y carismático, mucho mayor que ella y casado. Ella hizo todo lo posible por atraerlo. Se convirtió en la estudiante más brillante de la clase, siempre realizando y entregando sus trabajos de manera perfecta, buscando cualquier pretexto para encontrarse con él, afuera del salón de clase. Nada le funcionó: Elías era un hombre muy serio y jamás pareció darse por enterado de lo que pasaba con Mónica. Al contrario, se portaba frío y distante con ella, profesional y educado, pero nunca sucumbió a sus encantos ni le dio entrada a sus intentos de conquista. Esto le creó gran frustración a Mónica y durante todos los años de la universidad llegó incluso a espiarlo y seguirlo para ver si andaba con alguien.

Para Mónica era simplemente incomprensible que este hombre no le prestara la atención que ella desesperadamente buscaba. Durante años, Elías fue su obsesión. Los amigos o compañeros que la buscaban simplemente no la llenaban, a sus ojos, todos eran mediocres, grises y aburridos.

De manera simultánea, ella continuó tratando de satisfacer a su padre. Primero lo hizo por medio de su desempeño en la universidad. Después, en el campo laboral. Coleccionaba triunfos y éxitos que dedicaba a su papá. Sin embargo, en los últimos años se sentía extraña, insegura de todo. Cada vez que tenía que llevar a cabo algo importante y demostrar a los demás su capacidad, le entraban nervios, miedos y sensaciones corporales muy incómodas. Cuando tenía que presentar algún proyecto a su jefe, su cuerpo temblaba y sentía mucha angustia en el estómago. Intentaba con todas sus fuerzas ser la mejor de su equipo, dejando a un lado cualquier otra cosa. Cuando no lo lograba, y alguna de las compañeras o compañeros obtenía mejores resultados o palabras de elogio del jefe, entraba en estados de gran enojo y frustración, que simplemente no sabía cómo manejar.

Poco a poco, Mónica ha ido entendiendo que su vida la ha dedicado a cumplir las expectativas de su padre. Su aprobación y aplauso han sido el combustible para su existencia, pero en el proceso para intentar ser la número uno en todo —lo que hace para lograr mantener la imagen de hija perfecta—, se perdió a sí misma. Sus verdaderas necesidades, aspiraciones y anhelos quedaron sepultados y hoy ya no sabe ni quién es. Por otro lado, sin darse cuenta está proyectando estas mismas expectativas, tan altas en otros, lo cual le impide encontrar a un hombre que realmente le guste. La imagen idealizada de su propio padre le impide relacionarse sentimentalmente con una pareja, siempre comparándolos con su papá y descalificándolos por el menor detalle.

◆✦◆

En su libro *De la codependencia a la libertad*, Krishananda describe profundamente el daño que todas las expectativas nos han creado desde niños:

"Puede que no seamos capaces de reconocer nuestras necesidades en absoluto. Las hemos negado durante tanto tiempo, que ya nos es imposible traerlas a la conciencia. Las expectativas negativas se encuentran en lo más profundo de nuestras heridas internas y nos crean una desesperación profunda por el peligro de no llegar a ser nunca amados, aceptados o comprendidos."

Al igual que Mónica, muchas mujeres que aparentemente no han padecido grandes tragedias en su infancia y que se han tenido una existencia relativamente buena, logrando cierto control durante algún tiempo de sus propias emociones, se encuentran de pronto con sucesos que las trasladan de un área cómoda a una oscura del inconsciente, que hace brotar los miedos y emociones enterrados por años y que hoy manejan sus vidas. Nada permanece ahí para siempre. Tarde o temprano, todos esos asuntos de nuestra vida —a los que no nos hemos enfrentado— harán su aparición en el aquí y ahora, exigiendo ser atendidos.

¿Yo soy codependiente?

La siguiente es una lista de algunos síntomas que se relacionan con el estado de codependencia que hemos mencionado. Como parte de nuestro camino para el autoconocimiento es importante analizar cada uno, para ver cuál de ellos está en nuestras vidas. Por supuesto, es algo muy personal, pero puede convertirse en una actividad divertida si lo trabajamos entre amigas de manera honesta y relajada, porque no se trata de tensarnos aún más por lo que descubramos, sino de hacernos conscientes de lo que está pasando, lo que es el primer paso en el camino de la sanación.

a) Dificultad para establecer y mantener relaciones íntimas sanas

b) Congelamiento emocional

c) Perfeccionismo

d) Necesidad obsesiva de controlar la conducta de otros

e) Conductas compulsivas

f) Sentirse responsables por las conductas de otros

g) Profundos sentimientos de incapacidad

h) Vergüenza de ser como una es

i) Autoimagen negativa

j) Dependencia de la aprobación externa

k) Dolores de cabeza y espalda crónicos

l) Gastritis y diarrea crónicas

m) Depresión

¿Emociones yo?

Una de las bases más fuertes de nuestra conducta codependiente es la represión de emociones y sentimientos. Robert Subby, en un artículo del libro *Codependencia, un asunto emergente*, dice: "La codependencia es un estado emocional, psicológico y de conducta que se desarrolla como resultado de la exposición y práctica prolongada de un individuo a una serie de reglas opresivas, reglas que evitan la expresión abierta de sentimientos al igual que la discusión directa de problemas personales e interpersonales".

En la mayoría de las familias, adictos o no adictos presentes, se nos enseña desde niñas a reprimir lo que sentimos y a no expresar lo que pensamos. Por supuesto, esto va en relación con el tipo de familia, lugar, cultura, etcétera. En México hay una fuerte tendencia a enseñar a nuestras hijas a no expresar sus enojos, "porque las niñas bonitas no se enojan", "las niñas se ven muy feas cuando se enojan" y otras enseñanzas similares. Así aprendemos a tragarnos la emoción que no sea bien vista en la casa, escuela o sociedad en donde crecemos. Dicha emoción queda enterrada en nuestro inconsciente y va deformando la manera en que nos relacionamos con los demás.

Podríamos entonces concluir que la codependencia es un estado en el que vivimos con nuestras emociones congeladas, escondidas del mundo y avergonzadas de nosotras mismas para sentirlas. Al estar así, adentro de nosotras, nos obsesionamos con buscar afuera porque pensamos que ahí podremos encontrar la respuesta al sufrimiento interno.

Mónica aprendió a ser siempre fuerte, una verdadera triunfadora. Cuando sentía miedo o inseguridad ante algo, se callaba porque su padre, con la mejor intención, le enseñó a ignorar estos sentimientos y a concentrarse en su fuerza, en su poder. Reprimió todos los sentimientos relacionados con su parte vulnerable, y los escondió en algún lugar de su inconsciente, pero hoy emergían ante cualquier situación.

Recordemos el caso de Teresa, quien creció tragándose el miedo que sentía ante la violencia en su hogar; por eso se callaba y lloraba encerrada en el baño o en algún rincón de la casa. Se tragó el enojo que le daba ser agredida por sus hermanos, así como la ira y terror que sentía ante un padre alcohólico y una madre controladora. Se calló todo y se encerró en una burbuja rosada, creando su propio sueño dentro de ésta, ignorando todo lo que se opusiera o confrontara su fantasía.

Gaby, por razones diferentes a las de Mónica, también se creó una coraza que le impedía que algo o alguien la afectaran. Ha usado el trabajo y el alcohol como sedativo de sus emociones. Cuando algo empezaba a molestarle, simplemente se enterraba en su trabajo o se iba de fiesta, desconectándose de lo que sentía. Gaby se tranquilizaba de esta manera, acallaba la voz interna y podía seguir pretendiendo tener todo bajo control, hasta que llegó el momento —siempre llega— en el que tomar alcohol, sumirse en el trabajo e ignorar lo que sentía no fue posible: su armadura empezó a lastimarla.

Inés usaba la comida para enterrar sus profundos sentimientos de ira y su gran sensación de inferioridad. Con su gordura creó una gran coraza para no sentir la frustración ni el dolor. Intentaba ganarse el respeto y cariño de las personas complaciendo a todos, estando siempre disponible, ayudando en todo y poniendo al mundo entero primero que a sí misma. No importaba si estaba cansada, harta o simplemente no deseaba hacer algo. Las necesidades de los demás eran siempre más importantes que las suyas. Para poder hacer esto necesitaba comer, acallando con todo lo que se comía a su niña interna, quien a gritos pedía atención y tiempo. En su proceso, Inés se ha dado cuenta de que no quiere seguir mendigando atención ni amor. Desea ser aceptada como es, no por lo que hace.

Para ello, lo primero que necesita hacer es aceptarse y respetarse a ella misma.

Aprender a sentir

Parte de lo que aprendemos de niñas es a etiquetar nuestras emociones como negativas o positivas y así las vivimos, escondiendo todo aquello que consideramos negativo, tratando de mostrar solamente las emociones que nos enseñaron como adecuadas, haciendo lo que sea necesario para ocultar toda esta parte "oscura" y "mala". Para muchas de nosotras esto ha sido la causa de vivir con la fuerte sensación de ser malas, sucias, inadecuadas, etcétera. Ello nos lleva a hacer mil cosas para compensar el estado en el que vivimos. Buscar afuera de nosotras algo o alguien que nos ayude a sentirnos mejor con lo que somos, con esta mentira que vivimos a escondidas del mundo. También nos lleva a crear lazos de codependencia mutua con alguien, por medio de una relación simbiótica de la cual nos colgamos, haciéndola tan necesaria para nosotras como el aire que respiramos. Sin ella, simplemente nos sentimos nada, creemos que no valemos ni importamos. Sin esa persona vivimos en un estado de desamparo, llenas de huecos, sensaciones de rechazo y un profundo miedo al abandono. Asimismo, por la misma inmadurez, se convierte en una relación egocéntrica porque todo gira alrededor de nosotras, las que sufrimos de esta dependencia emocional.

Las emociones se tornan fundamentales en el trabajo para controlar la codependencia, aunque no son el problema en sí, sino la manera en que las concebimos o vivimos, y cómo nos traen de un lado al otro, como si fueran olas inmensas, y nosotras pequeños barcos de papel que son arrasados cada vez que un tsunami emocional emerge.

Los sentimientos congelados son otro elemento importante. Cuando pregunto en los grupos cómo se sienten, casi nadie sabe distinguir qué está sintiendo. Me responden con pensamientos. Ejemplo:

—*¿Qué estás sintiendo en este momento?*
—*Que mi jefe fue injusto, que me llamó la atención sin saber realmente lo que estaba pensando.*
—*De acuerdo, pero ¿qué estás sintiendo?*
—*Eso, que mi jefe es un hijo de la fregada y que tengo que hacer algo para mandarlo al diablo. Siempre abusa de mí porque trato de ser amable.*

A eso no se le puede llamar sentimientos, son pensamientos. Sin embargo, es la manera más frecuente de responder una y otra vez al hablar de nuestro estado emocional. La mujer del ejemplo, muy posiblemente esté sintiendo enojo, coraje o frustración, pero está tan acostumbrada a tenerlos en su mente, que simplemente no se da cuenta o no sabe qué es lo que realmente siente. Otro hecho que sucede todo el tiempo es que la persona que está hablando crea historias larguísimas alrededor del suceso, da vueltas y vueltas en su cabeza, describe pensamientos y creencias, pero no contacta con la emoción subyacente, con lo que realmente está sucediendo aquí y ahora en su cuerpo.

Estamos acostumbradas a etiquetar las emociones, a crear historias alrededor de ellas. Leemos y aprendemos acerca de las emociones. Creemos que el conocimiento es el que va a liberarnos, tomamos uno y otro curso para saber más de cuerpos sutiles, volvernos amigas de los ángeles —hablar con ellos y con todo el cuerpo celestial—, usar energía para curar a los demás, echar las cartas, leer los astros... pero no somos capaces de saber qué estamos sintiendo y qué hacer con ello. Simplemente estamos atoradas.

Eso es quizá lo que más necesitamos trabajar: aprender a identificar nuestras emociones y sentimientos, darnos cuenta de qué está realmente pasando en nuestra parte emocional, no en la mente ni en los pensamientos, porque estos son sólo un pretexto para desviarnos y distraernos de nuestra mirada al interior. El objetivo es encontrar formas sanas para expresar las emociones, para sacar todo lo que hemos guardado desde niñas, liberarnos de tanta carga y aprender a regular todo nuestro contenido emocional.

El siguiente cuestionario lo tomé del grupo en el que participé durante mi estadía en Estados Unidos, y me fue útil para medir mi problemática emocional. Son características asociadas con la personalidad adictiva y codependiente, a las que he agregado un pequeño ejemplo para mayor comprensión. Simplemente léelas, analízalas y marca aquellas con las que te identificas.

Extremos emocionales: No sabes de enojos, lo tuyo es la ira; no conoces el miedo sino el pánico; no conoces el placer sino la euforia; contigo es todo o nada.

*Podrías estar feliz, cantando y sintiéndote la más afortuna-
da del universo porque te llamó el hombre que te gusta; o ti-
rada en un sofá, llorando inconsolablemente porque alguien
te vio feo. Rara vez te encuentras tranquila y ecuánime. Eres
como un péndulo cuando se trata del estado emocional: de
un lado al otro continuamente.*

◆

Necesidad de intensidad: Te relacionas con las emociones
y sentimientos, no con los hechos. Buscas emoción, te
nutres del caos.

*Actúas siempre a partir de la emoción que tienes en ese mo-
mento. Si un día estás enojada, el mundo es una gran pila
de basura, pero si estás contenta, todo es color de rosa. No
prestas atención a los hechos, juzgas a la gente y al entorno por lo que sientes. La poca objetividad sale por la ventana cada vez que tienes un movimiento emocional, siempre
creando grandes dramas en situaciones que no lo ameritan.*

◆

Necesidad de gratificación inmediata: Quieres cualquier
cosa... ahora.

*Un ejemplo claro es mi amiga María. Nunca ha estado en
Europa y tiene muchas ganas de ir, pero no parece ser capaz
de ahorrar lo suficiente. Se impone metas, presupuestos, pero
no los cumple, así que prefiere gastarse el dinero en lo que
quiere, en el momento, en vez de ahorrar y cumplir su sueño de viajar a Europa. Cuando era pequeña, sus padres le
ofrecían premios si obtenía buenas calificaciones, si ganaba*

medallas, si hacía esto o aquello. María se esforzaba y lograba su cometido, pero sus padres olvidaban frecuentemente darle el premio prometido.

◆

Pensamientos extremos: O estás completamente equivocada o no cometes errores. Eres una estúpida o eres la más inteligente. Una situación contigo es siempre blanca o negra, nunca gris o de otro color.

O soy la mejor en todo, o soy la más inútil. Si no estás conmigo, estás contra mí. No existen puntos medios.

◆

Falta de identidad: Siempre necesitas de lo externo para sentirte viva. Siempre debes estar haciendo algo y te sobreidentificas con lo que haces.

Para muchas de nosotras, lo que hacemos es lo más importante. Nuestros logros y triunfos son los que nos dan un sentido en la vida. Estamos totalmente identificadas con ellos, pero si algo sale mal, sentimos que no valemos nada. No podemos ver que nuestro verdadero valor está en lo que somos, no en lo que hacemos.

◆

Falta de límites: No sabes dónde terminas y dónde empiezan los demás.

El esposo de Aurora es un hombre brusco y con modales rudos. Casi no tiene amigos y cuando salen con los amigos de

Aurora o simplemente van a algún lado, frecuentemente se pelea con alguien o hace cosas que terminan ofendiendo o molestando a alguien. Aurora se siente muy mal y trata de disculpar a su marido con los demás, vive con la sensación de pena "ajena" por lo que hace el marido.

◆

Falta de moderación: Hagas lo que hagas, siempre haces de más. Si algo funciona para ti, crees que tomar más y más lo hará mejor. Tienes un patrón de hacer cosas por horas, deportes o juegos, o trabajo hasta que te caes de fatiga.

Susana pasa horas en el gimnasio, al grado de lastimarse constantemente. Hace cosas extremas: come mucho o hace ayunos muy drásticos. Trabaja como loca entre semana hasta altas horas de la noche, y el fin de semana no se levanta de su cama por el extremo cansancio que sufre, producto de todas estas actividades.

◆

Sobrerreacción: Reaccionas de más a todas las cosas externas sin reaccionar lo suficiente en lo que pasa dentro de ti.

Me enojo por las injusticias cometidas a otras personas, sufro por los niños maltratados, por el hambre en las comunidades indígenas, incluso abrazo todo tipo de causas perdidas defendiendo al más débil. Pero no hago nada respecto a la forma irrespetuosa en que soy tratada por mi pareja o hijos. No me muevo por mí, pero sí por los demás.

Complaciente: Siempre buscando la aprobación de los otros, porque no te apruebas a ti misma.

Es la historia de Inés, siempre haciendo cosas para los demás, siempre buscando que los otros la acepten, la quieran, la validen. Su energía está puesta en lograr que los demás la vean y la hagan sentir bien, ella simplemente no ha sido capaz de darse esa aprobación, ese respeto y pone todo su esfuerzo en lograrlo por medio de los demás.

◆

Perfeccionismo: Si no puedes hacerlo perfectamente, mejor no lo haces.

De pequeña era excelente nadadora y pude haber entrado a competencias importantes. No lo hice porque temía que si no ganaba, defraudaría a mis padres y prefería que se quedaran con la idea de lo que pudo ser, y no enfrentarme al hecho de resultar incapaz para conseguir el primer lugar. Una de las razones más fuertes por las que posponemos las cosas que deseamos hacer es el gran miedo al fracaso, porque a nuestros ojos, si no somos perfectas, entonces somos fracasadas.

◆

Inhabilidad para expresar: Casi siempre te sientes anestesiada.

Yolanda es una mujer muy hermética, no expresa lo que siente, nadie podría decir lo que está pasando con ella. Y si le preguntas continuamente, responde que está bien, aunque esté pasando por un momento terrible. No sabe qué está pa-

sando dentro de ella y, por supuesto, no puede expresar lo que no sabe que siente.

◆

Baja autoestima: Nunca te sientes suficientemente buena.

Teresa sentía que nada de lo que hacía era correcto, sus intentos por ayudar a sus hijos, para sacar su vida adelante, un par de relaciones que sólo la dejaron sintiéndose peor. Según ella, no puede hacer nada bien; cualquier cosa que no tuviera los resultados que ella esperaba, la afectaban de manera exagerada. Se sentía tonta, vieja, fea y sobre todo incapaz para sacar su vida adelante.

◆

Atracción al dolor: Tiendes a buscar situaciones y compañías potencialmente dañinas.

Elisa está continuamente involucrada con personas que la tratan mal, amistades y relaciones con hombres que pasan por encima de ella, que no la toman en cuenta, que la lastiman constantemente. Toda su vida ha estado en este tipo de relaciones tóxicas. Por más que la lastimen, continúa ahí, con tal de no sentirse sola.

◆

Asumir: Adoptas estados de ánimo que otros sienten en vez de preguntar, y actúas como si tus suposiciones fueran correctas.

Alicia siempre supone cosas. Un día, en el trabajo, escuchó algo que tenía que ver con ella e inmediatamente supuso que una de sus amigas estaba hablando mal de ella. No le preguntó, no trató de aclarar nada, simplemente se alejó de esta amiga.

◆

Proyección: Creas fantasías acerca de lo que sucederá y te sorprendes cuando no sucede como te lo imaginaste.

Recuerdo que cuando iba a iniciar algo, una relación o un trabajo, siempre escribía la historia y el final antes de que sucediera. Como si creyera tener algún tipo de poder psíquico. Casi siempre me sorprendía que las cosas tomaran un rumbo diferente al que yo había previsto.

◆

Aislamiento: Te sientes como si no pertenecieras a ningún lugar.

Es la sensación constante de no tener un lugar en el mundo, como si no encajáramos ni cupiéramos en ningún lado. Algunas personas sienten que son de otro mundo, otras realmente lo creen. Y es también la sensación de no ser necesarias para nadie, piensan que si desaparecieran para siempre, seguramente nadie lo notaría.

◆

Actitud de juicio: Estás constantemente juzgando o defendiendo, ya sea a ti o a otros.

Estas personas viven con la espada de fuera, como si el mundo entero las atacara. Es imposible llamarles la atención en relación con algo, hacerles algún comentario acerca de ellas o alguien cercano, porque lo toman muy a pecho, como si todo fuese un juicio en su contra. Lo paradójico es que emiten juicios muy severos contra otras personas, como si ellas tuviesen algún rango de superioridad moral.

◆

Necesidad de emoción: Si creas suficiente caos en tu vida, no tienes que ver lo que realmente está pasando.

Hay personas que crean todo tipo de conflictos afuera, siempre viviendo algún drama: relaciones tortuosas, pleitos constantes con familiares o amigos, incluso demandas y problemas fiscales. Siempre hay en sus vidas crisis externas. Pareciera que realmente los conflictos las persiguieran.

◆

Control de impulsos bajo: Después de que te surge una idea, no puedes descansar hasta que ejerces alguna acción en relación con ella; una vez que empiezas algo, no puedes parar hasta que terminas.

Te dices a ti misma: "Hoy limpiaré el clóset de la recámara y mañana el del otro cuarto". Cuando te das cuenta, ya limpiaste esos dos y todos los restantes, y no te detienes hasta que la casa entera está reluciente. Si se te antoja una rebanada de pastel, te obsesionas y no descansas hasta que sales, compras el pastel entero y comes no una sino varias rebanadas.

Mentalidad de pobreza: Te preocupas porque no habrá suficiente de lo que deseas.

Solía hacer demasiado de comer cuando invitaba gente a la casa, siempre con la sensación de que nunca era suficiente. Al final sobraban grandes cantidades de comida. En casa, cuando mi madre hacía algo que nos gustara a todos —como crepas o empanadas de queso holandés—, había que tomarlas rápidamente porque volaban. Y esto sucede con el dinero o con el amor: tener siempre la preocupación de que se acabe, es vivir sin confiar en que el universo es abundante y nos dará lo que necesitamos.

◆

Hipersensibilidad: Toda tu vida te han dicho que eres demasiado sensible, que reaccionas de más a las cosas.

Todos somos un poco así en las áreas que nos importan, pero hay gente que lo es en demasía, y estar con ellos es como si camináramos dentro de una cristalería muy cara: hay que ser sumamente cuidadosos con lo que decimos y hacemos para que no se sientan ofendidos o lastimados. Es muy cansado, puesto que no todos podemos ser tan cuidadosos siempre. Mi idea es que esta hipersensibilidad surge de una autoestima muy lastimada. Muchas mujeres solemos ser muy sensibles en relación con la apariencia o cuestiones corporales, porque quizá es una de las partes más vulnerables; otras lo son con asuntos de los hijos, porque están muy identificadas con el papel de madres perfectas o con cuestiones del hogar, si su función elegida es el de amas de casa perfectas, etcétera.

Te propongo una actividad. Date un poco de tiempo y trata de que este ejercicio resulte un juego:

En una libreta o cuaderno, que será exclusivamente para esto, escribe los momentos más significativos en tu vida, comenzando desde la infancia. Trata de hacerlo sin detenerte a pensar. Deja que fluya toda la cascada de recuerdos. Una vez que finalices —lo cual tendrá que ser con los eventos actuales que te hayan ocurrido—, lee todo y presta atención a lo que tenga que ver con tu vida emocional y relaciones. ¿Cuáles eran tus sentimientos con esos eventos específicos? Recuerda: sentimientos, no pensamientos. Anótalos al margen de cada recuerdo.

Sin casi darte cuenta, has hecho un pequeño viaje hacia tu interior.

CAPÍTULO III

Mecanismos de defensa

Toma tu vida en tus propias manos
Y, ¿qué sucede? Algo terrible
No hay nadie a quien culpar

ERICA JONG

Regresando a casa,
un cuento para tu niña interior

RETOMEMOS LA METÁFORA del castillo y recordemos que hablamos de una muralla construida alrededor del mismo. Esa muralla que nos aísla del mundo y de nuestro núcleo de poder y luz, que se encuentra en el interior del castillo, representa nuestros mecanismos de defensa, la manera en que nos protegemos del mundo y, a la vez, es la forma como encerramos nuestros sentimientos, emociones, necesidades y miedos.

Imagina que esta muralla tiene muchos metros de grosor y que eso posibilita que dentro de ella existan túneles y laberintos, pero al terminar de edificarla, una princesa se quedó atrapada adentro. Quizá en ciertos momentos ha intentado salir y pedido ayuda, ha gritado hasta quedarse ronca, caminado en busca de la salida y terminado cansada, sentada en un rincón, harta de dar vueltas buscando cómo salir. En otro tiempo no buscaba: se quedaba sentada en algún rincón y simplemente intentaba sobrevivir en ese profundo aislamiento.

Esa princesa que espera con ansiedad a que la rescate el príncipe —para sacarla de este laberinto y llevarla en su caballo (¿o en un Porsche?) a un castillo hermoso, rodeado de flores y árboles— eres tú. Así pasas los días, soñando en el día del gran rescate. La mala noticia es que en este cuento, el príncipe no llega, seguramente porque perdió el camino o debido a que se dio cuenta de que rescatar a princesas no es redituable en estos tiempos.

Dentro de la muralla hay una pequeña puerta que lleva hacia el foso, lleno de monstruos y bestias espeluznantes. Ese camino también es el único para entrar al castillo. Pero la sola idea de hacerlo es suficiente para que la princesa entre en pánico y se quede pasmada. Si ella se llenara de valor y lograra al menos asomarse por esa puertecita, vería que en el castillo hay algo, tal vez una luz, una presencia mágica que la llama suavemente y la invita a ir a su encuentro... Sin embargo, atravesar el foso suena demasiado peligroso. La voz del bello ser continúa llamándola y le asegura que los monstruos y criaturas del foso no son tan terribles, que ella es capaz de enfrentarlos y vencerlos aunque no lo sepa... Si la princesa observara cuidadosamente podría reconocer algunas de esas criaturas: miedo a la soledad, a no ser amada, a no cumplir expectativas y otros muchos temores que flotan ahí.

También hay otros animales: enojos, algunas tristezas, uno que otro berrinche, humillaciones, lágrimas, todo lo que la princesa se tragó de niña ahí está, en el foso. Pero, ¡sorpresa!, no sólo hay bestias y monstruos, sino también piedras de colores, como gemas preciosas que descansan suavemente en el fondo del abismo. ¿Las recuerda? ¡De niña, eran suyas! Eran su tesoro y con ellas se adornaba de mil colores. En algún momento las perdió o tiró cuando le dijeron que no servían, que eran inútiles. Por eso ahora su vida está pintada de gris. En esos colores yace su vitalidad, alegría, gozo de vivir, inocencia, asombro y muchas cosas hermosas que le hacen mucha falta. Ahora que vuelve a verlas, se da cuenta de lo mucho que las ha extrañado, sabe que las necesita para sentirse plena y feliz. Están ahí, junto a lo que piensa que es horrible. Pero, ya vistas de cerca, las bestias no son tan horrendas… Quizá se atreva a cruzar el foso.

Ahora mira un poco más de cerca, alcanza a ver un león enorme, encadenado a un lado del foso, ¡se ve imponente y ruge muy fuerte!, pero hay algo en sus ojos que le recuerda al gatito que solía ser su amigo cuando pequeña. ¡Qué extraño!, tampoco lo recordaba y fue muy importante en su infancia. Ahora, entre las brumas del olvido surge ese pequeño felino que fue su mejor compañía. ¿Dónde se perdió? Seguramente se difuminó con los años, sin embargo, este inmenso león se parece tanto a su gato, que empieza a pensar que quizá pueda ser el mismo, pero ha crecido tanto y se ve tan temible…

El ser del castillo la llama otra vez. A pesar de la distancia, al cerrar sus ojos la princesa pudo conectarse con aquella voz. Estaba muy ocupada afuera y por eso no la escuchó. Una voz dulce, suave, le cuenta la historia del temible león…

Sí, se trata del mismo animal, sólo que han pasado muchos años y el felino está ahora muy enojado porque lo encadenó, dejó solo, se fue y lo olvidó. Nunca lo alimentó ni visitó, mucho menos jugó con él. En realidad él nació con ella, siempre fue parte suya, pero la princesa lo relegó porque le dijeron que no era correcto traerlo suelto debido a que le haría daño, la lastimaría, lo mejor era encadenarlo y dejarlo así. Se lo dijeron quienes la cuidaban: sus padres, maestros, sacerdotes... a todos les hizo caso y traicionó a su mejor amigo: el instinto, su energía vital, sexual, fuerza y capacidad para jugar y gozar.

Todo eso y más fue ese pequeño amigo. Ahora ella tendrá que caminar hacia él mostrándole amor, aceptación y pureza de sentimientos para lograr quitarle las cadenas. Ese paso es vital para regresar al castillo, porque solo él puede darle el coraje y valor que necesita para cruzar el foso. Ya con él, fundido en un solo ser, podrá enfrentar los sentimientos, anhelos, emociones, miedos; recuperar las gemas y cruzar ese foso que la llevará de regreso a casa junto al ser de luz que es su chispa divina, su guía en el camino, su maestra interna. Junto a él, y una vez en el castillo, la princesa podrá derrumbar la muralla, componer el puente levadizo para subir y bajar a placer. Podrá plantar árboles y arbustos donde lo desee, para sustituir la muralla y delimitar su territorio. Trabajará en el árido patio para que reverdezca lo que fue una vez su jardín, lo bardeará con flores y recuperará el trono de su reino.

Esta alegoría es tu propio proceso interno y representa el final feliz que obtendrás con el regreso a casa. Para iniciar el viaje, primero deberás conocer la prisión que habitamos, por lo que hablaremos un poco de los elementos que conforman esta barrera, esta muralla de protección en la que nos hemos perdido.

En defensa... siempre

El doctor Carlos de León, en su libro *Flujo de vida,* explica el modelo ontogónico creado por él para explicar los mecanismos de defensa:

> Cuando una persona experimenta algo que es muy difícil de integrar, de asimilar, entra en juego toda una serie de procesos de protección de la integridad del ser, incluyendo su presencia en el aquí y ahora. Aparte de esta protección, estos mecanismos tratan de que la experiencia no asimilada sea pospuesta para que después, en un momento más favorable, podamos revivir la experiencia y asimilarla.
>
> Todos estos mecanismos de defensa ocurren en forma automática y están regidos por el inconsciente, por lo que en general su acción y presencia no es detectada por el consciente de la persona que los está viviendo.
>
> Con el paso del tiempo, estos mecanismos de defensa se van saturando, por así decirlo, de material no asimilado y empiezan a funcionar no sólo para conservar la integridad de la persona, sino que empiezan a convertirse en un problema porque actúan como mecanismos sostenedores de inconsciencia. Nuestras mismas armas se transforman en cadenas que nos mantienen en una constante lucha y defensa contra enemigos que muchas veces dejaron de existir hace años.

◆ ◆

En otras palabras: estos mecanismos constituyen la forma que utiliza el consciente para no ser abrumado por experiencias que lo rebasan, por ser demasiado dolorosas o amenazantes. El problema surge cuando estos mecanismos no desaparecen después de esas experiencias y se vuelven una conducta de vida permanente que entierra o enmascara los sentimientos y emociones.

Si una niña vive en un hogar donde la violencia es parte constante de la dinámica familiar, por supuesto que tiene miedo y llegará el día en que lo sienta todo el tiempo. Dado que las escenas violentas son muy frecuentes en su hogar, la pequeña no tiene tiempo para procesar el miedo y lo guarda en su inconsciente para poder sobrevivir y funcionar de alguna manera. Al ir creciendo, esta niña sigue teniendo ese miedo, pero está enterrado y ella ha creado formas de compensarlo. Como consecuencia, quizá se vuelva una persona muy agresiva para no sentir su miedo… tal vez coma demasiado para enterrar ese sentimiento, beba alcohol o simplemente no sepa reconocer sus sentimientos en el cuerpo. En realidad hay muchas formas de compensar ese miedo interno, de enmascararlo.

Tomemos nuevamente el ejemplo de Teresa, quien durante años enterró el miedo de su época infantil. Creció, estudió, se casó con un hombre que podría cuidarla y se encerró en esta burbuja que era su hogar, en donde ella se sentía a salvo. Era una especie de princesita del bosque encantado, cantando y pretendiendo que la vida era perfecta dentro de su burbujita y, por supuesto, tratando de controlar todo su entorno para que nada se saliera de lugar. Sin embargo, cuando esta burbuja explotó al irse su esposo, ella tuvo que salir al mundo y se aterró. Era tanto el miedo que sentía, que no se consideraba capaz de enfrentarlo sola, sobrevivir y triunfar por ella misma. Finalmente se convenció de que ese miedo siempre estuvo ahí y que, para no sentirlo, ejercía un fuerte control tanto en sus hijos como en marido, pensando que todo lo que hacía era por su bien y para que todos estuvieran a salvo de un mundo peligroso y amenazante, que es el que ella conocía.

Gaby, por otro lado, se construyó una gran armadura y sacó la espada. Creció defendiéndose, protegiéndose y aparentemente siendo siempre más fuerte que los demás, sobre todo que su madre. Gaby carga con un profundo miedo de ser herida, abandonada, sometida. Por lo mismo, ha luchado siempre para no regresar a esa situación. En algún momento se prometió que nunca necesitaría de nadie, que sería totalmente independiente y creó toda clase de defensas contra la dependencia. Sin embargo, para ello tuvo que cerrar un poco su corazón y se privó del derecho natural de necesitar y ser necesitada. Negó toda su parte vulnerable y se volvió dura, incluso masculina en su manera de actuar. Para sostener esa imagen, Gaby usaba compulsivamente el trabajo, el alcohol y las fiestas como escape, hasta que se enamoró, situación que no figuraba en sus planes. Esa circunstancia la enfrentó con su verdadera necesidad, con su deseo de ser amada y de relacionarse con una pareja.

Los mecanismos de defensa fueron usados para sobrevivir en la infancia y probablemente nos salvaron la vida en algunas ocasiones, pero en el presente, ya como adultos, son nuestras cárceles, nuestras cadenas y nos mantienen fuera de contacto con lo que realmente estamos experimentando en nuestras vidas. Es como si viviéramos dos o más vidas alternas: las historias enterradas en el inconsciente y la que realmente está sucediendo aquí y ahora. Estos mecanismos de defensa nos sacan totalmente de nuestro aquí y ahora, No somos capaces de ver lo que realmente está sucediendo en alguna situación o con alguna persona, porque traemos puestos unos lentes sucios que impiden la visión clara del presente.

Atrás de una conducta estoy yo

La mayor parte de nuestra vida la vivimos desde un estado de defensa, protegiendo de manera inconsciente la parte infantil que ha sido lastimada y vulnerada. Nos escondemos detrás de conductas que ayudan a mantener al mundo alejado y nos dan una sensación de seguridad, pero al mismo tiempo nos mantienen desconectadas de lo que realmente sentimos.

Las siguientes conductas son algunas de las que usamos para protegernos de entrar en contacto con nuestras verdaderas emociones. Con ellas compensamos carencias y miedos, algunas las utilizamos para sentirnos mejor con nosotras mismas.

CULPAR

Es una de las formas favoritas para la protección. Asumir el papel de víctima y volcar la culpa de todo lo malo que pasa en nuestras vidas en algo o alguien, como si el mundo estuviera en contra de nosotras. Todo nos sucede porque alguien no nos quiere, nos tiene mala voluntad. Ponemos la responsabilidad de nuestras vidas en otras manos y nunca asumimos nuestra parte en las situaciones. Cuando culpamos a alguien, enviamos la energía de lo que está pasando dentro de nosotros hacia la otra persona y evadimos la responsabilidad de examinar nuestra participación.

Culpamos a nuestros padres por ser como somos, a la maestra de tercer año, al novio que nos engañó en la prepa, a la amiga que traicionó nuestra confianza, al jefe que no nos aprecia, al marido que no hace bien las cosas o no nos entiende, a los hijos que no nos respetan, pero no percibimos que la persona de afuera es simplemente un espejo de nuestro mundo interior. Es increíble la facilidad que tenemos para culpar a todos los demás, sin ser capaces de ver cuál es la nuestra en determinado asunto. Lo triste es que cuando culpamos a alguien, le estamos dando poder sobre nosotras.

En una cena a la que asistí en casa de unos amigos, conocí a una pareja que estaba metida en algunos talleres de crecimiento. Platicamos de muchas cosas, y poco a poco la conversación se centró en la relación de ellos dos. Ella se quejaba de que él tenía muy mal carácter, que era muy explosivo y a veces demasiado hiriente; él la acusaba de ser quien lo hacía enojar, que siempre sabía qué botones presionar para que él explotara. "Tú me haces enojar con tus actitudes, con tus respuestas", aseguraba el hombre. Ella respondía: "Es que siempre me haces sentir mal, me haces sentir estúpida". El resto de la noche se la pasaron discutiendo acerca de por qué el otro tenía la culpa de sus pleitos y estados de ánimo. Ninguno asumió ni por error la responsabilidad de sus propias emociones y creencias.

El beneficio de culpar a otro es no tener que enfrentar el hecho de que hay cosas dentro de nosotras que nos molestan, nos enojan y no necesariamente tienen que ver con el otro. Hay muchos aspectos de nosotras que son como un punto ciego en nuestras conciencias y están demasiado enterradas en el inconsciente. Existen personas en nuestras vidas que son como espejos y nos reflejan esa realidad interna. Nos permiten ver lo que está realmente pasando adentro. Culpar al otro nos aleja de esta visión, nos impide ver qué es lo que estamos proyectando. Hacernos responsables de lo que sentimos nos ayuda a poner la energía de regreso en nosotras, a conocernos más profundamente. Como bien dicen: "cuando señalamos con un dedo a otra persona, hay otros tres señalándonos".

JUZGAR

Está muy relacionado con el anterior. Surge de una noción absurda de la mente de lo que debería ser. Cuando juzgamos a alguien, lo hacemos desde nuestras propias carencias, intentando sentirnos mejor con nosotros y para ello nos colocamos en un pedestal de superioridad moral en relación con los demás. En realidad tratamos a los demás con el mismo juicio severo con que fuimos tratadas y lo usamos ahora para medirnos a nosotras mismas. Hace algunos años vi un cartel que decía algo como: "Si tratamos a un niño con crueldad y juicio, será a su vez un juez muy cruel..." Esto es lo que nos ha sucedido. Fuimos muy criticados en nuestra infancia y lo que pasó es que creamos nuestro propio juez interior, que hoy vive en nuestra cabeza evaluando a los demás ycriticándonos a nosotros continuamente.

En alguna ocasión, platicando con varias amigas, una de ellas, divorciada, aún joven y bastante atractiva, empezó a criticar a la mamá de unos amiguitos de sus hijos. Aparentemente aquella mujer tenía una carrera, trabajaba y salía mucho por las noches en vez de quedarse siempre en casa con sus hijos, de la manera que ella lo hacía. En algún momento de la conversación, alguien confrontó a nuestra amiga con el hecho de que quizá en el fondo ella tenía ganas de hacer lo mismo y no se lo permitía. La impresión que dio al responder es que siendo una mujer bastante rígida, con una educación tradicional, ponía por encima de ella el cuidado de los hijos y, sin embargo, había una parte inconsciente que moría de ganas para hacer lo mismo, pero su propio juez interno se lo impedía. En vez de reconocer su deseo y tomar alguna acción, emitía duros juicios sobre cualquier mujer que se saliera de los parámetros de lo que ella considera como "correcto", con el fin de justificar su decisión de quedarse en casa con sus hijos y nunca salir a divertirse.

Los peores juicios son los que constantemente usamos contra nosotras y para darnos cuenta de éstos, podemos hacer un pequeño ejercicio que consiste en poner atención a lo que nos decimos durante todo un día: todas las veces que te juzgas, que te dices cosas ofensivas, insultos, regaños, cada vez que no cumples con el parámetro de perfección que te impones. Intenta ser más compasiva, más amorosa contigo y verás cómo esta conducta positiva se refleja en tu opinión hacia los demás.

BROMEAR

Esta defensa es difícil de notar, porque casi siempre la gente que la usa es muy simpática, le cae bien a la mayoría y tiene gran carisma, a menos que sea de las que siempre hacen bromas crueles a las costillas de los demás. Aun así, recibirá risas de quienes no estén siendo afectados. Se dice que los hijos toman diferentes papeles dentro de la familia y uno de éstos es el bromista, el payasito, el que siempre está haciendo reír a los demás. Cuando hablo de esto, me viene a la mente la imagen del niño o niña naciendo en una familia disfuncional (¿habrá de otro tipo?); cuando abre los ojos y echa un vistazo a sus familiares, respira profundo y piensa: "¡Uuufff! ¡Qué familia tan tensa!, alguien tiene que ayudar a esta gente a relajarse, a suavizar esta situación; tendré que ser yo", y así asume la función de comediante.

En uno de mis grupos hay una mujer simpatiquísima, además de ser inteligente y muy articulada al hablar. Cada vez que platica de alguna situación desagradable que le sucedió, lo hace de tal manera que todo el grupo ríe sin parar. Como noté que siempre estaba comiendo algo, le pedí que dejara de comer ciertas sustancias, como azúcar y harina, y que dejara de tomar alcohol durante una semana. A la reunión siguiente llegó apagada, triste y con ojos llorosos. Durante la sesión habló de lo deprimida que se sintió y cuando contó algunas experiencias, no hizo bromas; nadie rió, y ella pudo finalmente contactar sus verdaderos sentimientos en vez de burlarse de ella y de los demás. Por supuesto que no estoy en contra del sentido del humor, aprecio profundamente a una persona que cuenta chistes en una fiesta o reunión y me hace reír; tengo un amigo muy cercano que es excelente para ello y, si no fuera por su manera de beber y de burlarse de los demás, tal vez sería el chico más simpático del mundo.

Una cosa es tener gran sentido del humor y otra usar la broma para esconder lo que realmente sentimos. Seguramente todos habrán conocido a alguien que usa esta defensa. Tengo una amiga que subió muchísimo de peso en los últimos años y siempre está haciendo bromas crueles a sus costillas. Parecería que se divierte mucho con esto, pero en realidad está escondiendo la tremenda vergüenza que le da el hecho de haber engordado tanto.

También hay personas que no dicen las cosas directamente, sino que usan las bromas pesadas para expresar su enojo hacia otra persona, para sacar su agresión de alguna manera. Esta gente es más complicada, porque si la confrontas dirá que fue una simple broma y te acusará de no tener sentido del humor.

COMUNICACIÓN INDIRECTA

Inés es una mujer que se traga todo y su conducta es pasiva-agresiva. No se atreve a pedir o expresarse de manera directa. Carga con las cosas que le molestan porque simplemente no puede poner límites a otras personas ni a sí misma. Continuamente se involucra en asuntos ajenos, pretendiendo ayudar y llenar sus vacíos, convirtiéndose en un ser importante para la vida de los demás. El hecho de estar ocupada en las vidas ajenas impide que piense en sus propios problemas; comer compulsivamente la ayuda a no sentir nada y a mantener viejos sentimientos enterrados. Su manera de interactuar es a través de mecanismos no claros.

Inés sufre dolor de estómago y no tiene medicina en casa. Su hijo se encuentra de visita y están juntos viendo un programa en la televisión. Ella no se atreve a pedirle que vaya a la farmacia para traer la medicina que necesita, entonces empieza a realizar quejidos y movimientos que manifiestan este dolor que ella está padeciendo. El diálogo se da más o menos así:

—¿Qué te pasa, mamá?

—Nada... bueno, me duele un poco el estómago.

—Tómate algo.

—Sí... es que se me terminó la medicina.

—¿Quieres que te traiga algo?

—No hijo, no te molestes. Ya se me pasará.

—Muy bien, mamá...

El hijo se relaja y continúa viendo la televisión. Inés reinicia sus quejidos callados y lanza una mirada de borrego a medio morir. Finalmente, el hijo se levanta y va a la farmacia, ya enojado por la actitud de Inés, quien le insiste que no vaya, al mismo tiempo que no deja de quejarse.

PROYECTAR

Gaby siempre cuida a Teresa porque siente que ella es muy débil y necesita ser protegida. En realidad está proyectando en su amiga sus propios sentimientos de vulnerabilidad, de necesidad, pero como para ella ser vulnerable y necesitada es un gran defecto de carácter, le resulta más sencillo proyectar esa sensación en otra persona y cuidar de ella cuando realmente lo que necesita es poner atención a su propia niña interior. "Lo que te choca te checa", dicen por ahí y es cierto. Es evidente cómo las personas y situaciones de nuestro alrededor nos sirven como grandes espejos si tenemos la visión correcta.

He visto a muchas madres (padres también, por supuesto) que proyectan en sus hijos todos sus deseos y anhelos incumplidos. Durante muchos años estuve en contra de las reglas, estaba en total rebeldía contra todo lo que me hiciera sentir prisionera y por lo mismo fui demasiado permisiva con mi hija, como si deseara darle desde una parte muy neurótica, la libertad que yo sentía que mi madre no me había dado. Por supuesto, esto se tradujo en una falta de límites y de estructura básica, pero lo entendí mucho después, cuando empecé a trabajar conmigo y vi cómo había proyectado en mi hija muchas de las cosas que yo deseaba para mí.

Escucho a muchas madres haciendo lo mismo, esforzándose para darle a sus hijos "lo que ellas no tuvieron", sin preguntarse si eso es algo que sus hijos desean realmente. Recuerdo a una madre que siempre cuidaba a su hija para que no subiera de peso: le controlaba la comida, la obligaba a hacer ejercicio, la pesaba cada lunes, y la hija se sentía abrumada y enojada con ese régimen. Lo irónico es que la madre siempre había sido una mujer con sobrepeso y por lo mismo había sufrido siempre, pero en vez de cuidarse ella, de poner este esfuerzo en su persona, lo hacía con su hija, a quien torturaba constantemente con su obsesión.

Esto también aplica para las características positivas, por eso muchas veces somos capaces de reconocer en otros, esas cualidades que no somos capaces de ver en nosotras. Quizá admiramos la fuerza de otra mujer, su asertividad, agilidad mental, feminidad, cualidades que seguramente son parte de nosotras, pero no las asumimos y están ahí, esperando ser descubiertas y desarrolladas. Alguna vez escuché que la envidia es el acto de proyectar en otros nuestros propios anhelos; observar a quién y qué le envidiamos puede ser una acertada manera para darnos cuenta de qué es lo que nos gusta y deseamos para nosotras.

GENERALIZAR

"Todos los hombres son mujeriegos", "nunca me haces caso", "siempre haces lo mismo"... Cuando en los grupos se hacen este tipo de afirmaciones, tratamos de examinarlas para saber qué hay realmente detrás de estas palabras. Basta con preguntarnos honestamente: ¿Realmente todos los hombres son mujeriegos? ¿De verdad nunca me hace caso?, ¿Siempre hace lo mismo? Resulta interesante observar que cuando nos escuchamos hablar así, cuando realmente estamos atentas, podemos darnos cuenta de que esta forma de generalizar nos aleja del verdadero problema y, por ende, nos impide encontrar soluciones reales a lo que estamos viviendo.

En ocasiones, estas afirmaciones nacen de condicionamientos que han permeado nuestras vidas con nociones falsas. Por eso es importante poner atención y romper con estos paradigmas personales. De otra manera seguiremos siendo inconscientes de las, aparentemente simples, frases que afectan nuestras vidas y relaciones.

INTELECTUALIZAR

Esta forma es una de las favoritas en nuestro mundo occidental. Hemos dado un valor tan grande al intelecto, que tratamos de manejar todo desde nuestra parte analítica y racional. Somos una cultura que se rinde ante la razón, ante el poder intelectual y, por ello, a todo lo que nace del hemisferio cerebral izquierdo, nuestra parte analítica y racional.

Por supuesto que este aspecto tiene siempre gran valor. Pero habría que tener claro que sirve para lo que sirve y punto. El problema es que usamos la mente consciente para alejarnos de la emoción, del sentimiento. Si estoy enojada, en vez de sentir enojo, hablo de él, compro libros acerca del tema, pero no lo siento, no lo expreso. Dejamos de respirar, y nos vamos a la mente para evitar sentir. Un ejemplo típico es el de una mujer que conozco, muy intelectual. Tuvo una niñez muy difícil, de la cual salió con la autoestima muy lastimada. Desde pequeña buscó sobresalir utilizando su inteligencia y conocimientos. Terminó la escuela, siguió estudiando y coleccionando todo tipo de títulos mientras pasaba años en el diván de un psicoanalista. A la fecha, ella puede explicar perfectamente el origen de su neurosis, hablar durante horas de su proceso desde que era pequeña, podría incluso dar una conferencia sobre temas de psicología de todo lo que ha estudiado, pero sigue sufriendo de una muy baja autoestima. Posee una imagen de sí misma como una mujer muy deteriorada y con profundo miedo a ser rechazada, a no ser amada. Todo su conocimiento, educación y logros intelectuales no han sido capaces de borrar su dolor, de curar su imagen de sí misma como mujer, de ayudarla a relacionarse con hombres y mujeres de manera más sana y fluida. Sigue atrapada por las mismas limitaciones que ha cargado desde pequeña.

Si no podemos curarnos una gripa al leer una receta, entonces no podemos curarnos heridas emocionales leyendo acerca de ellas. Debemos trabajar con las emociones, con las heridas, reconocer nuestros miedos, vivirlos, expresarlos y, poco a poco, curar a la niña herida y atemorizada que seguimos llevando internamente. Es imposible curar las emociones y sentimientos vulnerados a través del intelecto, tanto como es absurdo realizar el balance de nuestra cuenta de cheques con el corazón.

COMPLACER

Teresa tiene que llevar y recoger de la escuela a los hijos de la vecina porque la madre de ésta se siente mal. Tiene que organizarse debido a que ese colegio y el de sus hijos están un poco alejados, pero tratará de apurarse para que nadie llegue tarde. Su esposo le pidió que pagara ciertos recibos que urgen para hoy porque él no tiene tiempo. Su hija quiere que la lleve a comprar el vestido para la fiesta del fin de semana. Su hermana tiene problemas con su marido y le llama todo el día para desahogarse. Cada llamada tarda como media hora, y Teresa sólo escucha mientras maneja o hace algo más. Su hijo mayor necesita que lo lleve a casa de un compañero que vive al otro lado de la cuidad. El colegio de su hijo menor está organizando un festival para recolectar fondos, y como ella siempre es tan acomedida, le pidieron que fuera la coordinadora principal del evento. Para ello debe pasar horas haciendo llamadas y organizando a todo mundo. Teresa no tiene tiempo para nada... Sin embargo, si le llamas y le pides algo, te dirá siempre que sí. Pero cuando le preguntas qué pasó con ese curso que quería tomar de autoestima personal, o el taller de cerámica al que moría por inscribirse, o si ha ido al gimnasio que pagó por un año entero, te responderá que no ha tenido tiempo.

No tiene energía ni tiempo para ella, pero en cambio está disponible para cualquier persona que necesite algo de ella. Sin embargo, cuando Teresa se atreve a pedir favores, normalmente la gente está demasiado ocupada, demasiado cansada, demasiado esto y demasiado aquello... Pero Teresa es tan amable, tan linda, que aun así seguirá haciendo cosas para los demás, incluso a costa de ella misma. Ella realiza favores a todo el mundo y esto la hace sentirse importante, le da un sentido a su vida. Le ayuda a no sentirse sola y a olvidarse de esa vieja sensación de sobrar en este mundo. Al sentirse necesitada, su autoestima sube y se siente mejor con ella misma. Si no fuera por todas estas actividades, se sumiría en una gran depresión. Además, tiene gran necesidad de sentirse amada y aceptada. Así, al hacerle favores a los demás, recibe un mensaje de respeto y apreciación que no puede darse a sí misma.

MINIMIZAR

A Gaby le gusta sentir su fuerza. Cuando habla en el grupo, pareciera que nada le afecta. Creció en un ambiente hostil, ha sufrido demasiado y, por lo mismo vive en un estado constante de negación de sus sentimientos. Hace poco le negaron un ascenso que había estado esperando ansiosamente. Estaba segura de que se lo darían. Cuando ascendieron a alguien más, su reacción fue así: "No importa, la verdad es que no estaba muy segura de querer ese puesto, implica mucha responsabilidad y la paga no justifica que tenga que trabajar tantas horas extras para merecerla. No, creo que está mejor así, no estoy preparada para dar un salto tan drástico. Prefiero salir temprano y divertirme más".

En realidad, Gaby estaba muy enojada con la situación porque sí deseaba ese ascenso y se había esforzado durante muchos meses para conseguirlo, pero no quería reconocer su gran desilusión. Mejor puso cara de aquí no pasa nada y se tragó todo. En realidad yacía en un estado de autoengaño y negaba todos sus sentimientos al respecto. No había mucho que hacer puesto que la decisión estaba tomada, pero Gaby quería proyectar que no le había afectado y trataba de convencerse de que todo estaría bien. Por supuesto, no es que fuera a golpear a su jefe, pero en el grupo tardó mucho tiempo para reconocer lo mal que se sentía y poder expresar sus verdaderas emociones al respecto. Después de que lo hizo, pudo cerrar este asunto y desde el espacio de tranquilidad interna decidió buscar otras opciones de trabajo en donde ella se sintiera apreciada y reconocida.

Si ella nunca hubiese trabajado y expresado su frustración, enojo e incluso tristeza ante lo acontecido, se hubiera tragado todo, como acostumbraba hacerlo; probablemente seguiría en un puesto que ya no disfrutaría, enojada pero creyendo que todo estaba bien.

Hay muchas otras conductas que utilizamos para bloquear emociones, sentimientos, sensaciones dolorosas y para intentar mantener el control de nuestro mundo, mantenerlo enterrado para impedir que no nos afecte. En vez de sentir lo que pasa, recurrimos a estas conductas y otras, como trabajar sin parar, mantenernos ocupadas, hacer labores para los demás, distraernos en mundos de fantasía, comida, cigarro, sexo, relaciones tortuosas, etcétera.

Si realizaste el ejercicio interior, espero que hayas descubierto un poco más de ti, a partir de escribir tus recuerdos. Ahora volverás a utilizar tu libreta, por ello te propongo que, de una manera honesta hacia ti misma, realices una búsqueda interna: escribe cuáles son los mecanismos de defensa que utilizas en tus relaciones.

Sé que no es algo fácil de hacer, porque son protecciones que hemos utilizado casi siempre y es precisamente el lugar donde nos hemos perdido: en la construcción de nuestros mecanismos de defensa. Hemos invertido mucho tiempo y energía en esas capas de protección y hoy es posible que nos tome tiempo reconocerlo, pero puedes hacer un esfuerzo amoroso, en una actitud de no enjuiciarte a ti misma. Podrás reconocer en ti algunas de estas defensas. La sanación inicia cuando somos capaces de observarnos con atención plena desde un estado de presencia amorosa, solamente notando la forma en que aprendimos a defendernos. No te juzgues, sólo reconoce.

CAPÍTULO IV

Autoestima

*Lo que dejamos atrás y lo que nos espera
más adelante son minucias, comparado
con lo que nos espera en nuestro interior*

R.W. EMERSON

ANA

A los 40 años, mi cuerpo me grita en todo momento que ya no tengo derecho a sentirme deseada, que ya pasó mi época. Eso sólo se les da a las que están buenas, a las jóvenes que tienen todo en su lugar.

◆

LILI

Debo estar delgada para estar bien. Sé que debo tomar conciencia de cuidarme, pero me resulta muy difícil porque me encanta la comida. Debo aceptar que como por ansiedad, cuando estoy enojada o triste. Trato de respirar y sentir qué me dice mi cuerpo, pero me cuesta trabajo identificar qué necesita. Siento que soy un desorden en todos los aspectos y eso me desespera. Me siento gorda y fea. Aunque a veces creo no estar tan obesa, mirarme al espejo hace que no me guste mucho y entonces vuelvo a la desesperación de querer hacer algo, pero la verdad es que no hago nada.

◆

YULI

Mi punto débil de toda la vida ha sido cómo expresar mi sensualidad. Me da mucho miedo aceptar y expresar mi sensualidad… Me siento puta si lo hago.

◆

AURORA

Siempre que voy a una fiesta o reunión donde sé que habrá muchas personas, me siento muy insegura. Nunca sé si el vestido que me pongo me queda bien o se me ve horrible. Paso horas arreglándome y, cuando llego al lugar, veo a mi alrededor y me aterra ver mujeres más jóvenes, más bonitas, mejor vestidas y muy simpáticas. Siempre me comparo con las demás, ante mis ojos, quedo como perdedora.

◆

OLGA

Cuando tengo que hacer una presentación frente a mis jefes, me entra mucho miedo. Siempre me he sentido tonta y, aunque me prepare mucho, en el momento en que me paro enfrente de los compañeros, siento cómo palpita mi corazón, como si fuera a atravesarme el pecho, mis manos sudan y las piernas me tiemblan. Siempre me ha sucedido esto, tengo la sensación de que todos son inteligentes, menos yo; que todos merecen ascender, menos yo. Vivo con una sensación horrible de no ser suficientemente buena en nada.

◆

LAURA

Mi madre siempre nos dijo que una mujer sin un hombre no es nadie en el mundo. Por eso es tan importante ser necesarias para ellos y que no sepan siquiera dónde tienen sus calcetines; que nos necesiten para todo. Yo pensaba que era una tontería, pero desde que me casé, soy quien hace todo. Él es como un niño pequeño, perdido sin mí. Por eso no me gusta hacer planes con amigas o compañeros del trabajo. Si no estoy en casa todo se convierte en un desastre.

◆

CRISTINA

Tengo un marido que es muy guapo e inteligente. Nunca le he dicho esto, pero siempre he sentido que me hizo un favor casándose conmigo. No sé por qué lo hizo, realmente no lo entiendo. Siempre he sido un poco gordita y mi cuerpo no es lindo. Por eso no me sorprende que, de repente, él tenga aventuras, que ande con otras mujeres más guapas, más delgadas y, sobre todo, que le gusten más. Es algo que siempre he sabido. Por supuesto que me doy cuenta, pero no puedo reclamarle porque seguramente me abandonaría y, la verdad, siento que si él se va, mi vida no tendría sentido. Es mejor quedarme callada y creer que no pasa nada.

◆

SUSY

Normalmente hablo poco, no porque me guste estar callada. Me encantaría participar en las conversaciones, pero cuando estoy con personas y están hablando, siempre tengo la sensación de que lo que necesito decir no es tan importante, que seguramente diré alguna tontería y por eso me quedo callada. Desde pequeña me ha pasado eso. Mis padres, tíos y hermanos mayores hablaban siempre, y cuando yo quería decir algo me callaban o ignoraban. Vivo con la sensación de no ser importante o interesante para nadie, así que mejor me quedo en silencio.

◆

CLAUDIA

En mi casa, las mujeres nos sentamos a comer después de que terminan los hombres, así nos enseñaron. Recuerdo que mi hermana y yo teníamos que ayudar en la casa, aunque fuéramos a la escuela. Esa tradición siguió aun cuando empezamos a trabajar. Nuestro hermano no tenía que hacer casi nada en casa. Nosotras hacíamos su cama, lavábamos su ropa, lo atendíamos, y ni se diga con nuestro padre: él siempre estuvo por encima de todo. Mi madre, tías y abuela invariablemente lo dijeron: el hombre es muy importante, hay que atenderlo bien para que no se vaya a otra casa.

◆

AZUCENA

Cuando era pequeña, mi padre nos trataba de manera muy fea. No me gustaba que estuviera en casa porque siempre estaba enojado, nos regañaba a cada rato e incluso algunas veces nos pegó. Mi madre lloraba y se quedaba callada cuando él se ponía así. Yo sentía mucha rabia, me irritaba, pero no podía hacer nada, porque mi madre nos enseñó que debíamos aguantarlo porque es sangre, es la familia; que si mi papá hacía algo, lo que fuera, era para nuestro bien. Así que aprendí a callarme y aguantar, aunque por dentro moría de coraje.

◆

Estos testimonios son de algunas compañeras que asisten a mis talleres. Seguramente constituyen un espejo de lo que en general sentimos las mujeres, estemos o no conscientes de ello. Esta forma de pensar no es algo que sólo esté en nuestras mentes y ahí se quede. Va más allá: afecta la manera en que nos relacionamos con las personas: en el ámbito laboral, relaciones de pareja, con amigos, hijos, etcétera.

Decidí abordar este tema porque he tenido que estudiarme de cerca para conocer cuál es el estado de mi autoestima, cómo me percibo, cuáles son las ideas que tengo de mí y cómo esa autoconcepción permea los diversos aspectos de mi vida.

Cierro mis ojos para ver...

La mayoría de nosotras está consciente de que, en una sociedad como la nuestra, las mujeres han sido consideradas como ciudadanas de segunda. No pretendo analizar ni desmenuzar este punto porque no es algo nuevo, además de que existen muchos libros acerca del tema. Independientemente de explicaciones y teorías que nos brinden la antropología, historia, sociología, psicología y cualquier otra disciplina, muchas de nosotras estamos conscientes de que así ha sido. Por ello hemos luchado apasionadamente durante muchos años para cambiar el modo en que nos ve el mundo

A inicios de la década de 1920, debido a los cambios políticos, económicos y sociales que se suscitaron, las mujeres —sobre todo en los países desarrollados— empezaron a cambiar su mentalidad. Se transformaron: su ropa adoptó un estilo masculino, algunas se cortaron el pelo, comenzaron a fumar, a conducir automóviles y a viajar solas. Esto me recuerda algo que mi madre nos contó que había escuchado cuando era niña. Su padre, mi abuelo, al ver que su cuñada se compró un coche y aprendió a manejar, comentó muy molesto: "ahora las mujeres ya fuman y manejan; se creen capaces de cualquier cosa". Entendiéndose por "cualquier cosa" los actos "terribles" que las mujeres no respetables cometían.

La siguiente es una anécdota de la época de la Revolución francesa que encontré en mis investigaciones. Me parece adecuada para este punto:

Cuentan que en el salón de la mansión de una dama se estaba llevando a cabo una reunión de intelectuales que discutían acaloradamente sobre política. Uno de los participantes comentó impertinentemente a su anfitriona:

—¡Qué desagradable y extraño me parece escuchar a una dama como usted hablar de política!

—Señor, cuando mi marido y mis hijos están en peligro de perder la cabeza, lo menos que puedo hacer es conocer el porqué —respondió ella.

Las primeras feministas fueron nuestras madres, abuelas o bisabuelas. Ellas alzaron la voz con un clamor de "basta", que fue cobrando fuerza poco a poco entre las mujeres que estaban hartas de vivir una vida de sumisión y silencio. A finales de los cincuenta e inicios de los sesenta, con el movimiento *hippy* surgió una nueva fuerza para impulsar a la mujer. Muchas salieron a la calle, quemaron *brasieres*, seguramente uno que otro delantal, tiraron las ollas y tomaron los libros. Unas se unieron al movimiento *hippy*, proclamando libertad sexual e igualdad para ambos sexos. Otras se adhirieron a movimientos intelectuales para luchar por los derechos de las mujeres.

Hoy en día vemos mujeres que compiten con hombres en terrenos que antes eran exclusivamente masculinos. Mujeres que demuestran ser tan o más inteligentes que los hombres. Mujeres con fuerza física que levantan pesas, que compiten en ámbitos que antes eran solamente para ellos.

Actualmente, los principales objetivos del movimiento feminista son: la mejora de la educación, capacitación e igualdad profesional y laboral, homogeneidad de género en la familia como medio para evitar la subordinación de la mujer, y que ella pueda tener mayor control sobre su sexualidad y cuerpo, entre otros. La lucha que las mujeres venimos librando desde hace siglos no puede esconderse o negarse.

¿Qué pasa entonces si, a pesar de tantas luchas, de tanta preparación, de tantas batallas ganadas, espacios conquistados, logros obtenidos, las mujeres seguimos viviendo una realidad interna tan limitante, llena de miedos e ideas negativas acerca de lo que significa ser mujer? Vivimos obsesionadas en mostrar al mundo nuestro valor, nuestro brillo, pero somos incapaces de apreciarlo por nosotras mismas.

Hace mucho tiempo me tocó ver un anuncio de cigarros que mostraba a una mujer fumando, con la leyenda *We've come a long way baby* (Hemos llegado muy lejos, nena) y sí que lo hemos hecho. Hemos caminado un largo sendero, pero en muchas de nostras, continúa esta sensación de ser ciudadanas de segunda, impidiéndonos tomar nuestro verdadero espacio con plenitud y gozo. Hemos compensado esa sensación de inferioridad y luchado con todas nuestras fuerzas por conseguir nuestro lugar, pero muy adentro de nosotras siguen los sentimientos encontrados respecto a nuestro poder.

Muchas de nosotras seguimos colocando el valor de la vida en la opinión externa. Queremos llenar expectativas, cumplir con los papeles asignados históricamente, nada más que ahora hemos aumentado la presión. No sólo tenemos que ser perfectas amas de casa, sino también excelentes en nuestros trabajos, saberlo todo, vestirnos impecablemente, hacer lo posible para no envejecer… Hemos creado el mito de la *súper mujer,* pero a diferencia de Superman, no tenemos una identidad secreta con la cual descansar.

Llegamos a casa, nos quitamos el traje sastre, dejamos a un lado los tacones, la laptop, el celular y comenzamos a cocinar, alimentar a los niños, a los adolescentes y adultos, según sea el caso. Revisamos las tareas de los hijos, si es la cuestión. Muchas seguimos siendo responsables de la comida y ropa del marido, si es que éste existe, aun cuando ambos trabajemos y tengamos las mismas responsabilidades económicas. Estamos cansadas, tristes, deprimidas, tomamos pastillas para empezar el día, para sentirnos mejor, pero también para dormir y descansar. Entonces, ¿qué hemos ganado?

Suele ocurrir que las mujeres que asisten a mis talleres son profesionistas, empresarias y empleadas que trabajan muchas horas para sacar adelante un hogar, una familia. Algunas tienen parejas que ayudan con lo económico, otras deben seguir solas porque el hombre se fue a comprar cigarros hace algunos años y no ha regresado. Quizá las que lucen más tranquilas son aquellas que nunca se casaron, tienen arriba de cuarenta años, son exitosas e independientes, sin marido ni hijos que las molesten. Pero dentro de esa tranquilidad tampoco se sienten plenas, hablan de un gran vacío existencial que intentan llenar con cosas externas, sin resultados satisfactorios.

No hemos encontrado la forma para salir del hoyo. Hemos logrado cambios en nuestros papeles en la sociedad, pero dentro de nosotras las cosas siguen igual. Nuestra autoestima y autoimagen siguen tan abajo como las de mujeres de generaciones anteriores.

Años y años de condicionamientos, generaciones y generaciones de ideas y creencias erróneas acerca del ser femenino, profundamente arraigadas en nuestro inconsciente, siguen permeando a cada mujer. Quizá de manera secreta y escondida, pero con el mismo poder y fuerza que siempre han tenido sobre todas nosotras. Aun después de la revolución sexual y de la liberación femenina, adentro seguimos siendo mujeres que necesitamos a un hombre para sentirnos valiosas, que debemos demostrar nuestro valor al mundo, que tenemos que aguantar situaciones dolorosas porque es "nuestra cruz", que seguimos dependiendo de que afuera alguien apruebe lo que hacemos. No importa qué tan lejos hayamos llegado, en nuestro interior estamos mucho más perdidas que nuestras madres y abuelas. Vivimos atrapadas en una forma de vida enseñada de madres a hijas durante siglos: el significado de ser mujer, visto por los ojos de millones y millones de mujeres, y llevado como estigma de generación en generación.

Aun hoy, con todo lo que hemos aprendido y logrado, seguimos siendo mujeres inseguras, aterradas por la necesidad de enfrentarnos a una sociedad fría, a una ideología sociocultural que nos bombardea con ideas absurdas de cómo vivir nuestra femineidad en la adolescencia, nuestro cuerpo, sexualidad, relaciones, hijos, carrera profesional, menopausia, etcétera. Perdemos energía y vida intentando adecuarnos a las innumerables exigencias de la sociedad, devaluando nuestra autoestima y buscando aprobación en ojos externos. Siempre hay alguien que parece saber mejor que nosotras cómo vivir nuestra vida.

El siguiente es un párrafo del libro *El valor de lo femenino,* de Marianne Williamson, que habla al respecto:

> No lo tomes a broma ni lo trates como un juego. El mundo tal como es, hace muy poco uso de tu femineidad. Te consideran el sexo débil y te tratan como un objeto sexual. Eres absolutamente prescindible, salvo para concebir hijos. Tu juventud es la medida de tu valor y tu edad es la medida de tu inutilidad. No busques en el mundo apoyo ni tu identidad como mujer, porque ahí no los encontrarás.

◆ ◆

El mundo al que ella se refiere es sencillamente la sociedad, que simplemente no quiere ni puede apoyar a las mujeres —en realidad ni a los hombres— en esta búsqueda de sanación. Por eso no puede ocurrir en el exterior. Tenemos que ir adentro, buscar y sanar las heridas internas y encontrar en nosotras quiénes somos realmente; reconectarnos con nuestra propia luz, nuestra divinidad. Afuera de ti no hay nada real. Como enseña la tradición hindú: vivir afuera es vivir en el Maya, palabra que significa *ilusión.*

Debemos dejar de mentirnos a nosotras mismas, y creer que ya vencimos el fantasma de la sumisión y sufrimiento femenino. Con toda la integridad y valor de mujeres sabias, es el momento de sentarnos y echar una mirada hacia dentro. Dejar de aturdirnos en un camino falso, de pelear con el mundo, con los hombres y con otras mujeres. No es necesario crear más caos, más bien debemos ordenarnos un poco adentro y sobre todo ser lo suficientemente honestas para asumir nuestra gran responsabilidad en este proceso. Dejar de jugar a las víctimas o de tiranizar a los demás, culpándolos de nuestra situación. Tampoco culparnos a nosotras, eso ya lo hemos hecho demasiado tiempo.

Tomar responsabilidad es dejar las culpas a un lado. No nos sirve seguir buscando culpables, hoy es el momento de mirar hacia adelante y construirnos una nueva vida a partir de nosotras mismas, con lo que somos, con lo que tenemos y con lo que podemos rescatar y revivir en el proceso de crecimiento. Si queremos que el mundo cambie, debemos primero cambiar nuestro propio mundo, y sólo puede suceder desde adentro, desde lo más profundo de nosotras mismas. Allí es donde reside el verdadero significado de ser *Mujer*. Sí, así con mayúscula y resaltado.

Este pensamiento nos lleva a analizar cómo estamos en la autoestima, porque no importa cuánto aprendamos, luchemos o sepamos. Si adentro de nosotras seguimos atrapadas en condicionamientos e ideas negativas de lo que somos, será imposible dar el siguiente paso hacia una verdadera liberación: la de nuestro interior.

La autoestima

*La peor desgracia que le puede suceder a
una persona es pensar mal de sí misma*

GOETHE

Todas hemos escuchado innumerables veces la palabrita *autoestima*. En la actualidad se ofrecen todo tipo de cursos y talleres para trabajar con este aspecto de nuestra personalidad. Hablamos constantemente de baja autoestima y de cómo nos afecta en cada área de nuestras vidas. Sabemos reconocer a una persona que sufre de baja autoestima y seguramente hemos señalado a muchas con este problema. Pero, ¿qué es en realidad y cuáles son los aspectos que la conforman?

En la búsqueda de material para mis talleres, encontré algunas definiciones y aspectos interesantes al respecto. El siguiente es un pequeño resumen que escribí, basado en un estudio perteneciente al Programa de Salud Pública del estado de Sonora, titulado "Habilidades para la vida", que se diseñó con el fin de apoyar a los individuos, específicamente a los adolescentes para desarrollar sus habilidades, creando conductas así como hábitos saludables que los lleven a encontrar una vida más plena, y con un sentido real para ellos.

Uno de los principales puntos a trabajar en este modelo es la autoestima. Utilizaré algunos de los elementos que mencionan en el estudio, profundizando en ellos, debido a que los considero básicos en el trabajo para el desarrollo de cualquier ser humano.

"Autoestima es la capacidad de tener confianza y respeto por uno mismo." La habilidad del individuo de autoproporcionarse bienestar. Es la sensación del valor propio.

"Cuando la autoestima es sana, no compite ni compara." Acepta y reconoce las cualidades tanto propias como de los demás. Nos brinda serenidad y capacidad para disfrutar nuestra vida.

"La autoestima es propiciada en nuestra infancia cuando nos sentimos amados y aceptados por nuestros padres y la gente alrededor de nosotros." Si esto no se da de forma incondicional —lo cual sucede en la mayoría de los casos—, crecemos con fuertes sentimientos de rechazo y profundas inseguridades. Muchas veces, al crecer creamos conductas para compensar esta baja autoestima. Pero la sensación de insuficiencia permanece en nosotros, permeando nuestras vidas.

Cuando no crecemos con la autoestima adecuada, nos es más difícil ser positivos, tal vez sentimos que no somos aptos para enfrentarnos al futuro y a veces nos resulta incómodo tomar decisiones. La importancia de una autoestima saludable reside en que es la base de nuestra capacidad para responder de manera activa y positiva a las oportunidades que se nos presentan en el trabajo, en el amor y en la diversión.

Desarrollar la autoestima es explayar la convicción de que uno es competente para vivir, digno de ser feliz y por lo tanto equivale a enfrentar la vida con mayor confianza, benevolencia y optimismo, lo que nos ayuda a alcanzar nuestras metas y experimentar la plenitud. Fomentar nuestra autoestima es ampliar nuestra capacidad para ser felices.

Elementos que integran la autoestima

Estamos tan acostumbrados a usar disfraces delante de los demás, que terminamos disfrazándonos nosotros mismos

LA ROCHEFOUCAULD

AUTOCONOCIMIENTO

"Conocer mejor nuestro ser, carácter, fortalezas, debilidades, actitudes, valores, necesidades, gustos, disgustos y temores. Conocer tu historia, porque eres hoy gracias a ella." En mi opinión, un verdadero camino espiritual o de desarrollo humano debe estar basado en el autoconocimiento. Tenemos ideas de nosotros, creencias, pero muchas veces no tienen nada o poco que ver con quien realmente somos. Conocernos realmente toma tiempo, valor, paciencia y mucha compasión. La verdadera libertad llega con el profundo conocimiento de uno mismo.

Recordemos que dentro de nosotros hay un palacio de inmensa magnificencia

TERESA DE ÁVILA

AUTOACEPTACIÓN

Aprendí que el verdadero perdón implica una autoaceptación total. Y desde la autoaceptación, las heridas se curan y la felicidad es posible de nuevo

CATHERINE MARSHALL

Conocernos nos lleva al siguiente paso: aceptarnos, reconocer las características que nos conforman, sean agradables o desagradables —finalmente esto siempre es relativo—. Simplemente decir "sí" a lo que eres, reconocer lo que te funciona de ti misma y trabajar en lo que no, pero desde la aceptación, desde el amor a ti misma.

El primer paso hacia la verdadera transformación del ser es la aceptación. Cuando te aceptas en todo lo que eres, abres una gran puerta hacia la transformación. Puede ser tan simple o tan complicado como eso. Para la mente es difícil de entender porque ella quiere hacer, controlar. La transformación no es algo que se logra o que se hace, es algo que se permite, es una alquimia profunda del ser.

AUTORRESPETO

La voluntad de aceptar la responsabilidad de nuestra propia vida es la fuente desde la cual brota el autorrespeto

JOAN DIDION

Cuando aprendemos a respetarnos, atendemos y satisfacemos nuestras necesidades, valores, gustos, intereses, etcétera. Respetamos nuestra visión de vida y también la de otros. El egoísmo no es hacer lo que se desea hacer sino imponer a otros lo que nosotros deseamos.

Respetarnos es asumir y conocer nuestras verdaderas necesidades como seres humanos. No las que nos han implantado desde afuera sino las que son realmente nuestras. Estas necesidades son mucho más que simples aspectos de los cuales no podemos ni queremos prescindir, son nuestros valores, deseos y anhelos que nos llevan a una vida más plena, satisfactoria. En resumen, a ser mejores seres humanos para nosotros y para los demás.

> *Si quieres ser respetado por los demás,*
> *lo grandioso es respetarte a ti misma*
>
> Fiódor Dostoyevski

AUTOIMAGEN CORPORAL

> *Los hombres miran a las mujeres*
> *Las mujeres se miran siendo miradas*
> *Esto determina no sólo las relaciones*
> *entre hombres y mujeres,*
> *sino también la relación de las*
> *mujeres consigo mismas*
>
> John Berger

Es la forma en que sentimos y vemos nuestro cuerpo, así como la manera en la que queremos que otros nos vean. Es la imagen mental que cada una de nosotras tiene de su propio cuerpo.

Este punto es muy importante, porque tener una buena o mala imagen corporal afecta nuestros pensamientos, sentimientos y conductas, así como la forma en que nos relacionamos con los demás.

Puntos a recordar en este rubro:

- El cuerpo y la sexualidad son partes importantes de la imagen corporal
- La autoaceptación es un punto clave para nuestra imagen corporal
- Es importante mantener nuestro cuerpo saludable

NECESIDADES BÁSICAS

Tu visión será clara sólo cuando puedas mirar en tu propio corazón. Quien mira hacia afuera sueña; quien mira hacia adentro despierta

CARL G. JUNG

El camino para empezar a trabajar con nosotras de manera inmediata es reconocer qué es lo que realmente necesitamos y, en la medida de lo posible, buscar la forma de ir satisfaciendo nuestras necesidades. Aprender a cuidarnos, a responsabilizarnos de nuestras vidas y dejar de buscar afuera quién nos rescate o a quién rescatar.

La cuestión es que la mayoría de nosotras estamos confundidas en cuanto a lo que realmente necesitamos y muchas veces nos engañamos, nos dejamos llevar por deseos de la mente, por programaciones, condicionamientos, etcétera. Perseguimos cosas que creemos nos brindarán felicidad. Perdemos tiempo y energía en esto, para finalmente darnos cuenta de que no es lo que anhelábamos. Por eso es tan importante trabajar en el autoconocimiento e identificar cuáles son nuestras verdaderas necesidades. Una vez logrado esto, podemos realmente ir hacia lo que nos llene, lo que nuestro corazón desea y ése es el anhelo que nos sirve de guía en el camino.

La siguiente lista de necesidades fue desarrollada por el doctor Marshall B. Rosenberg, creador del método *Non Violent Communication* (Comunicación no violenta). Presenta un punto de partida excelente: a medida que seamos capaces de cuidarnos y satisfacer nuestras necesidades, nuestra autoestima mejorará notablemente y aprenderemos a respetarnos y apreciarnos mucho más.

CONEXIÓN

Todos tenemos una profunda necesidad de conectarnos con la existencia, con otros seres humanos, de sentirnos aceptados, apoyados e incluidos en el mundo. La confianza, estabilidad, amor, apreciación y compasión son aspectos que nos conectan y nutren nuestro ser y, por ende, nuestra autoestima. Vivir con respeto, ser capaces de entrar en espacios de intimidad con las personas amadas, sentirnos seguros, acompañados y apreciados son características tan necesarias para el buen desarrollo de cualquier ser humano, como comer y beber agua.

HONESTIDAD

Aprender a vivir sin máscaras, atrevernos a ser auténticos. Vivir con integridad y con la dignidad de quienes somos. Saber estar presentes con nosotras mismas, con nuestra energía, nuestra vida. Vivir en el aquí y ahora en vez de estar siempre en la mente, divagando y desconectándonos de lo que está pasando en este momento. Desnudarnos ante nosotras.

DISFRUTE / JUEGO

Todas necesitamos jugar un poco, nos hemos vuelto demasiado serias y hemos olvidado cómo disfrutar. Reír es sinónimo de alegría y bienestar. Nos facilita hacer frente a los quehaceres diarios con una mejor actitud. La risa es la medicina preventiva más barata, aporta múltiples beneficios a la salud. Hagámonos responsables de crear nuestra dosis diaria de endorfinas: ejercitarse, tener sexo, simplemente reír, bailar, son actividades que estimulan la secreción de estas hormonas, también conocidas como hormonas de la felicidad, y son las responsables de las sensaciones de satisfacción en el cuerpo humano, combaten el malestar, disminuyen las sensaciones de dolor y los síntomas del estrés. ¿Qué más podemos pedir? Nuestro cuerpo es tan sabio, que incluso nos proporciona una sustancia capaz de hacernos sentir un profundo bienestar.

BIENESTAR FÍSICO

No sólo de pan vive el hombre... ni tampoco la mujer. Nuestro cuerpo tiene necesidades básicas: respirar, comer, beber agua, pero también necesita de descanso suficiente, no sólo dormir unas horas sino realmente descansar. El cuerpo necesita respirar profundamente, moverse, expresarse, ser acariciado; todo esto es vital para nuestro bienestar. Cuidar nuestro cuerpo y llevar una vida sana es la base de todo. El cuerpo nos comunica qué es lo que necesita, cuando tiene hambre, cuando está cansado, siempre nos lo hace saber, pero casi nunca lo escuchamos. Recordemos que el cuerpo es nuestro vehículo y como tal debemos cuidarlo.

PAZ

La paz supone un estado de equilibrio interno para el ser humano. La belleza, la comunión con el todo, las armonías interna y externa son estados que el ser humano requiere para crecer. Es la tierra fértil que cada uno necesita. No podemos estar en paz con el mundo si adentro de nosotros sólo tenemos caos.

AUTONOMÍA

Autonomía proviene del griego *auto,* que significa mismo, y *nomos,* que indica norma; esto es, regirse uno mismo por sus leyes.

Lo sepas o no, tomar decisiones sobre nuestra vida no es sólo una necesidad, es nuestro derecho. No hay un verdadero crecimiento si no tenemos libertad de elección. La libertad la merecemos todos. La libertad y el respeto son el inicio de la paz.

SIGNIFICADO

Todos necesitamos tener un sentido de vida, algo que nos invite a celebrar nuestra existencia. Es una de las aventuras más interesantes que nos presenta la vida: encontrarle sentido. Éste es un sentido individual, y corresponde a cada quien encontrar el propio.

Seguramente te has hecho estas preguntas: ¿para qué estoy aquí?, ¿qué vine a hacer aquí? La respuesta es individual, personal, necesitamos respuestas que nos sirvan a nosotros. A cada quien nos toca encontrar nuestras propias respuestas, descubrir nuestra propia verdad.

El doctor Viktor Frankl, creador de la logoterapia, escribió acerca del sentido de la vida y su importancia, siendo prisionero en un campo de concentración. Las siguientes son dos citas escritas por él:

No hay nada en el mundo que capacite tanto a una persona para sobreponerse a las dificultades externas y a las limitaciones internas, como la conciencia de tener una tarea en la vida.

El ser humano se autorrealiza en la misma medida en que se compromete con el cumplimiento del sentido de su vida.

Esta lista de necesidades no es algo definitivo, pero puede servirte como referencia para que analices cada aspecto y descubras qué necesidades satisfaces y cuáles has dejado a un lado.

Estudia cada elemento de la autoestima y de forma honesta analiza cómo te encuentras en cada uno de los aspectos. En tu libreta anota acerca de cada uno en relación contigo.
Haz lo mismo con la lista de necesidades.

CAPÍTULO V

El cuerpo, nuestro maestro

Tu tarea no es buscar el amor,
sino simplemente buscar
y encontrar dentro de ti todas las barreras
que has construido en contra del amor

RUMI

¿Qué dice tu cuerpo?

HAY UNA CANCIÓN DE CAIFANES que tiene una excelente frase: "Afuera nadie es nada, sólo adentro". Por eso tenemos que encontrar la manera para regresar a casa, a nuestro cuerpo, sanarlo y dejar de pelear con los fantasmas de afuera.

Aunque este capítulo estará dedicado al cuerpo, al trabajo con él, resulta poco y podría ser un libro aparte por la importancia que tiene en el proceso de sanación. Muchas técnicas y escuelas de psicología centran el proceso de sanación del paciente en la mente y no ponen atención en el cuerpo. Los clientes o pacientes llegan a entender parte de su propia historia y hacen su mejor esfuerzo para lograr una mejor vida, sin embargo, hay algo que no termina de sanar. Voy a dar un ejemplo basado en un episodio que vive una de mis alumnas. Ella y su pareja llevan pocos años de casados, pero desde el inicio del matrimonio han tenido problemas graves. Hace poco decidieron tomar terapia de pareja y acudieron con un psicólogo muy reconocido. Durante algunas semanas todo fue bien, pero de pronto la situación entre ambos empeoró y las regresaron agresiones. Una de las reglas que su psicoterapeuta les puso fue la de no agredirse verbal ni físicamente, sin embargo, las agresiones empezaron a darse por ambas partes. Al platicar al respecto, la mujer comentaba que no entendía por qué no podían seguir los lineamientos que les dio su terapeuta, dado que ambos son adultos conscientes y deseosos de que funcione su relación.

Esta situación no es rara y nos sucede a todas. Desde pequeñas nos enseñaron a reprimir sentimientos y emociones que guardamos en el cuerpo. Ahora, de adultas, cuando alguna situación externa los detona, simplemente explotamos, a pesar de nuestras mejores intenciones de que esto no suceda.

El trabajo con mi cuerpo ha sido uno de los factores principales para encontrar la sanación. He podido, poco a poco, trabajar intensamente con la catarsis, la respiración y el movimiento, con el objetivo de retomar la sensibilización de mi cuerpo. Ésta ha sido una de las herramientas más sanadoras en el trabajo terapéutico.

Hace años, si alguien me preguntaba qué sentía en determinado momento, mi respuesta siempre venía de la cabeza, de la mente y tenía más que ver con mis pensamientos y creencias, que con mis sentimientos y emociones. A menos que, claro, me lo preguntaran en un momento de crisis cuando la emoción era obvia. Pero de no ser así, simplemente no sabía realmente qué estaba sintiendo.

En mis grupos, cuando le pregunto a mis alumnas qué están sintiendo en ese momento, la mayoría hace lo mismo que yo solía hacer: busca en su mente y explica lo que piensa o cree. "Siento que mi pareja me tiene muy abandonada, no me hace caso" o "creo que necesito descansar porque estoy agotada, pero me preocupa mucho que mi jefe no me dé vacaciones". Como ya lo había mencionado, en realidad se trata de pensamientos, no de emociones, seguramente sustentados por algún tipo de emoción, pero en vez de sentir, hablamos de lo que pensamos o creemos. Difícilmente somos capaces de sentir nuestro cuerpo. Lo que hacemos es echar un buen *rollo* mental y hablar acerca de los sentimientos, pero no los sentimos realmente.

Si le preguntamos a un pequeño o pequeña qué siente, seguramente dirá de manera espontánea y sencilla: "estoy enojado", "estoy triste", en completo contacto con su emoción. Los adultos, en cambio, hemos perdido esa conexión. Estamos totalmente separados y casi siempre viviendo en la mente. No sabemos qué sentimos. Nuestra conexión con el cuerpo se perdió hace años: el puente de entrada a casa está roto.

La forma más real, honesta y directa para saber qué está pasando en nosotros es escuchar a nuestro cuerpo. El cuerpo nos habla, se expresa a través de las emociones, sensaciones, movimientos, enfermedades y dolencias. Nos avisa si algo está pasando adentro de nosotros; si aprendemos a escucharlo, puede ser nuestro mejor guía siempre y en todo momento. Por desgracia no entendemos su lenguaje y lo ignoramos totalmente. La experiencia de haber abandonado nuestro cuerpo es precisamente la que nos causa tanta desarmonía, conflicto y sufrimiento. Nuestras dependencias o adicciones se originaron a partir de esta separación y, por lo mismo, no pueden ser curadas o tratadas si tomamos en cuenta sólo la mente, sin el cuerpo.

Cuando fui parte de los grupos de Estados Unidos, una de las recomendaciones que nos hicieron fue que dejáramos de consumir azúcar, harina, cafeína y alcohol, así como drogas y tabaco, por tratarse de sustancias que de alguna manera refuerzan el patrón de escapismo del cuerpo. Yo dejé todo eso durante un año y me ayudó a entrar nuevamente en contacto con lo que estaba pasando en mi cuerpo. Me di cuenta de que por años había *empujado* literalmente hacia adentro de mí: oculté las emociones con la comida y el tabaco, anestesié mi cuerpo con alcohol. De esta manera, no tenía que enfrentar lo que sentía. En mi caso, debo decir que me daba pavor sentir, pues no sabía qué hacer con las emociones, a las que evitaba inconscientemente al usar lo que tenía a la mano. Al dejar a un lado esas sustancias, descubrí cómo éstas, usadas de la manera inconsciente como yo lo hacía, me llevaban a un abandono total del cuerpo, al punto que desaparecía totalmente la conciencia de mí misma.

Al practicar esta técnica entre los grupos durante una, dos o hasta tres semanas, las mujeres que lo realizan se sorprenden de la necesidad tan fuerte que experimentan de llevarse a la boca algo dulce, algo que las haga sentir bien, porque al dejar estas sustancias surgen todo tipo de emociones. Muchas de ellas —mujeres normalmente tranquilas, capaces de aguantar los gritos del marido, las demandas de los hijos, las presiones cotidianas, con una sonrisa— empiezan a sentir un profundo enojo por los abusos y vejaciones que normalmente solían soportar y que los tomaban como parte de su vida, incluso de manera sumisa. Otras descubren literalmente y empiezan a sentir su cuerpo, a gozar de su energía sexual, de su vitalidad, sorprendiéndose incluso de la inmensa capacidad de gozo y alegría que existe en sus cuerpos. Son muchas las cosas que suceden en el cuerpo cuando dejamos a un lado las sustancias que lo mantienen adormecido.

Vale la pena hacer el experimento y descubrir qué es lo que estamos reprimiendo. Experiméntalo tú e intenta dejar estas sustancias durante una semana. Si lo llevas a cabo con amigas, siempre es más fácil. Observa qué sucede día a día dentro de ti. Te recomiendo llevar un diario para que anotes todo lo que va surgiendo. No estaría de más hacer ejercicio y tomar mucha agua para ayudar al cuerpo a eliminar las toxinas. Busca a tus amigas que estén realizando este experimento y hablen de lo que sucede. Es importante entender que esas charlas no serán para pedir, dar consejos o arreglar problemas sino simplemente para escuchar y ser escuchadas por otro ser humano. Quien escucha, debe hacerlo de un modo amoroso, sin interrumpir ni emitir juicios y con total aceptación.

Otro gran apoyo en este experimento es mover el cuerpo, respirar lo más profundamente que puedas y permitir que éste se exprese libremente. Puedes hacerlo reuniéndote con las amigas en algún lugar en donde nadie las moleste, poner música, de preferencia fuerte, y bailar un rato, respirar profundamente y entrar en contacto con una misma. Ten presente que no se trata de un baile social sino de una manera de moverte y ayudarte a liberar el cuerpo.

Si requieren de sesiones formales, hay muchos lugares de psicoterapia corporal. Una opción es practicar las meditaciones activas de Osho (las encuentras en la página *www.osho.com,* bajo meditaciones activas. Ahí hallarás tanto la música como las instrucciones). Las que más utilizo en mis talleres son las *dinámicas*. Se trata de una meditación poderosa y revitalizadora; fue creada para hacerse por la mañana, justo para mover y despertar la energía del cuerpo. Tras una respiración profunda y rápida te lleva a una catarsis profunda, que implica una gran higiene emocional; después entra en espacios profundos de meditación y celebración de la vida. La *kundalini*, creada para el final del día, es una meditación más suave, más femenina, excelente para integrar los sucesos diarios y es de gran suavidad, casi dulce. Mi tercera favorita es *chakra breathing* (respiración de los chakras), que nos lleva a un profundo viaje a través de esas estructuras sutiles que son los chakras, liberando emociones para armonizar y estabilizar nuestra energía.

La siguiente cita, una de mis favoritas por su claridad y sencillez, fue extraída del libro *El equilibrio entre la mente y el cuerpo,* del místico hindú Osho. Expresa la importancia de escuchar y estar en el cuerpo:

Sigue al cuerpo. Nunca trates de dominarlo de ninguna manera. El cuerpo es tu base. Una vez que has comenzado a entender tu cuerpo, 99 % de tus sufrimientos desaparecerán de la manera más sencilla. Pero no quieres hacer caso.

El cuerpo dice: "¡Para! ¡No comas!", pero sigues comiendo. Le haces caso a la mente. La mente dice: "Es muy sabroso, delicioso. Un poco más". No escuchas al cuerpo. El cuerpo se siente asqueado, el estómago está diciendo: "¡Basta! ¡Ya tengo suficiente! ¡Estoy cansado!", pero la mente dice: "Fíjate qué sabor, toma un poco más". No dejas de hacerle caso a la mente. Si escucharas al cuerpo, 99 % de los problemas desaparecerían sin darte cuenta, y el uno por ciento restante serían tan sólo accidentes, no problemas serios.

Pero desde niños hemos sido apartados del cuerpo, nos han alejado de él. El niño está llorando, el niño tiene hambre, y la madre está mirando el reloj porque el médico le ha dicho que sólo pasadas las tres horas hay que darle de mamar. Ella no está mirando al niño. El niño es el verdadero reloj al que hay que mirar. Ella escucha al médico y el niño llora, está pidiendo comida, necesita comer ahora mismo. Si al niño no se le da de comer enseguida lo estás apartando del cuerpo. En lugar de darle comida le estás dando un chupete. Lo estás engañando y lo estás defraudando. Le estás dando algo falso, de plástico, y estás intentando distraer y destruir su sensibilidad corporal. No se le permite a la sabiduría del cuerpo dar su opinión. Es la mente la que se hace cargo. Al niño se le está calmando con el chupete, se duerme. Entonces el reloj dice que ya han pasado las tres horas y puedes darle la leche al niño. Pero el niño está profundamente dormido, ahora su cuerpo duerme; lo despiertas porque el médico dice que hay que darle la leche. Destruyes de nuevo su ritmo. Poco a poco alteras todo su organismo. Llega un momento en que pierde todo sentido de su cuerpo. No sabe lo que éste quiere: si quiere comer o no quiere comer, no sabe. Si el cuerpo quiere hacer el amor, o no, no sabe.

◆ ◆

En este ejemplo, Osho menciona los patrones de alimentación de un bebé, y ese es uno de los puntos básicos que van creando en nosotros este profundo alejamiento del cuerpo. Hay muchas formas en que esto sucede. Otro ejemplo puede ser cuando obligamos a los niños a saludar con un beso a alguien a quien ellos no quieren besar. Quizá su instinto les dice algo, tal vez perciben cosas que nosotros como adultos no intuimos, no sabemos, pero lo que está claro es que el niño no quiere acercarse a esa persona, porque algo dentro de él dice "no", por la razón que sea. Quizá simplemente es un niño tímido y necesita tiempo antes de poder acercarse a un desconocido, tal vez requiera sentirse seguro primero, pero nosotras como madres (y como padres también) nos sentimos apenados ante el *tío* Pepe, nos da *pena ajena* que nuestro hijo no sea educado, no tenga modales y entonces lo obligamos a besar al famoso tío, porque ¡cómo vamos a permitirle al niño que haga su voluntad! Con este simple hecho le estamos enseñando a pasar por encima de sus percepciones. Le estamos diciendo que lo que siente no es importante, lo prioritario es lo que dictan las reglas sociales y culturales, lo que dicen los de afuera. Luego nos extrañamos que vivamos en un estado de indecisión, que siempre tengamos que preguntar a los demás qué hacer con nuestras vidas...

El problema de vivir tan desconectadas de nuestro cuerpo es que nunca nos damos cuenta realmente de lo que nos está haciendo daño, ya sea una mala relación o un trabajo que no nos gusta, o cualquier cosa en nuestra vida que simplemente no modificamos, porque no reconocemos ni asumimos la insatisfacción en que vivimos, al tolerar o aceptar ciertas situaciones debido a que *no queda de otra*. He visto a muchas personas que odian su trabajo, pero aguantan porque al cabo que el *juevebes* se van de fiesta, el viernes salen de nuevo y el fin de semana se desquitan... todo eso les ayuda a escapar de la frustración y el enojo de estar haciendo algo que no les gusta. Algo muy de nosotras las mujeres es irnos al *shopping* (de compras) cuando nos sentimos mal. Tal hecho no es en sí un problema o algo malo, tampoco salir con amigos y divertirnos, o comer algo que nos encante; el problema es que lo hacemos de manera inconsciente, compulsiva y para tapar las cosas que no queremos enfrentar, quizá porque dentro de nosotras algo nos dice que si las enfrentamos, estaremos obligadas a tomar una decisión y esto puede ser muy peligroso para nuestro *statu quo*. Entonces preferimos vivir así: en un estado de inconsciencia total y quejarnos quizá de la misma manera que lo hacen las amigas, pero no hacer nada realmente para cambiar lo que no nos gusta.

Respira, respira...

Una de mis alumnas es maestra de yoga: mujer joven, entusiasta y vivaz, quien por su estilo de vida posee una salud excelente. Además de enseñar la disciplina, ella la practica al menos dos horas diarias. Come cosas sanas y nutritivas, cuida mucho su cuerpo y en general siempre tiene una actitud muy positiva ante la vida. No fuma, no toma y rara vez se desvela. Es una persona alegre y su comportamiento en el trabajo muestra que ama profundamente lo que hace. Sin embargo, llevaba algún tiempo quejándose de un profundo dolor en medio del pecho. Fue al doctor, le hicieron pruebas y descartaron problemas de salud. En alguna ocasión platicábamos al respecto y le pregunté algunas cosas acerca de su vida. Me contó que está a punto de casarse y, mientras hablaba, se llevaba continuamente las manos al pecho sin realmente darse cuenta. Le pedí que respirara un poco en este espacio del pecho, repitiendo una y otra vez el mismo movimiento, pero esta vez de manera consciente. Así lo hizo y prontamente empezó a sentir más el dolor hasta que rompió en llanto. El cuerpo vibraba ante el llanto y su vientre se estremecía, la emoción era realmente profunda. Pasada la explosión, después de un rato donde estuvo en silencio, comentó que sentía mucho dolor de casarse, que recordaba que desde que decidió hacerlo empezó a sentir este dolor. Pero en vez de hacerle caso, lo ignoró. Me contó que su pareja es un hombre sumamente celoso, posesivo y que la vigila constantemente. Volvió a llorar mientras me decía que no podía terminar con él, que cuando intentaba hacerlo sentía una culpa muy grande y pensaba que él se iba a morir si ella se iba.

Ella se sentía realmente atrapada en esta situación, pero al no reconocerlo, su cuerpo se lo gritaba por medio de este profundo dolor. Algo curioso sucedió cuando empezó a platicarme que en los últimos meses había orado y meditado mucho para aclararse, para realmente saber qué hacer. De repente comenzó a reír, dándose cuenta de que siempre ha sabido qué hacer, que por supuesto era más que claro: no quería casarse. Lo que tenía que hacer es encontrar la fuerza para enfrentar a su prometido y atreverse a romper su compromiso. Las opciones que tenía eran terminar su relación, aceptar y enfrentar su culpa —que es algo en lo puede trabajar— o embarcarse en un matrimonio que obviamente no era lo que ella deseaba y que seguramente no tendría un futuro muy feliz.

Una de las primeras formas en que abandonamos nuestro cuerpo es bloqueando la respiración. De pequeñas quizá llorábamos o nos enojábamos, y nuestros padres, abuelos o maestros nos decían cosas como "las niñas se ven muy feas cuando lloran", "si gritas así, no te voy a querer", y por supuesto lo único que podíamos hacer para dejar de llorar o de gritar era dejar de respirar. Cuando en los grupos le pido a las participantes que respiren profundamente, lo hacen y expanden su pecho, pero cuando les solicito que traten de bajar la respiración hasta el vientre, les resulta muy difícil o imposible en los primeros intentos, muchas veces lo logran hasta después de hacer algún ejercicio de catarsis fuerte, donde se permiten expresar enojo, ira, llanto, gritan, se mueven y sólo entonces dejan que salga lo que estaba bloqueando la respiración profunda. En la respiración profunda, el aire se abre paso como si transitara por un pasillo lleno de cosas viejas que le impiden el paso.

Tu cuerpo, ¿dónde lo dejas?

Muchas de las depresiones que se viven hoy en día son causadas por la supresión de emociones. La gente depresiva anda por la vida casi sin respirar, sin sentir su cuerpo, con la energía totalmente colapsada, reprimida en su cuerpo. Por otro lado, hay personas que están tan llenas de emociones, tan cargadas por la misma represión de años, que explotan ante cualquier pequeño estímulo, casi siempre de manera desproporcionada.

Nuestras adicciones y dependencias nos alejan de la experiencia de sentir nuestra realidad. Nos alejamos del cuerpo para no sentir algo que seguramente es demasiado fuerte: el rechazo de alguien amado, el desamor, situaciones violentas, cualquier acontecimiento que nos conecte con alguna de las heridas que cargamos desde la infancia.

Una mujer que conozco desde hace años, casada con un alcohólico bastante agresivo, se sale de su cuerpo cada vez que él está tomando o actuando de modo hiriente. Se pone a cantar, a bailar y pretende que él no existe, que no lo escucha, que no es real. Sus creencias religiosas siempre le impidieron siquiera considerar el divorcio, además de que pertenece a una generación que pensaba que todas tenían que cargar con su cruz, a pesar de todo.

La película Preciosa nos muestra de manera muy cruda y cruel cómo una chica sumamente obsesa, maltratada por su madre y violada por su padre a los tres años, se sale totalmente del cuerpo y vive su mundo de fantasía en donde nadie la daña. Éste es un ejemplo muy fuerte, drástico, pero todas hemos vivido de pequeñas, de una manera u otra, abusos de algún tipo: violaciones a nuestros límites, a nuestros derechos, represiones de nuestra energía y situaciones que han hecho que nos alejemos de la fuente de dolor en la que se convirtió el cuerpo.

Cuerpo de mujer

Las mujeres generalmente tenemos una visión muy distorsionada de nuestros cuerpos. Estamos llenas de condicionamientos e ideas erróneas y dañinas de cómo deberíamos lucir físicamente. Es sabido que en nuestra sociedad el valor de un hombre es ser un buen proveedor; el de la mujer, bella y femenina. El problema es que estos criterios sociales están basados en algo que no tiene nada que ver con la realidad. Durante muchos años, para mí, ver un programa de televisión —sobre todo los estadounidenses— implicaba sentirme defectuosa. Recuerdo Bay Watch, en el cual veíamos hermosas mujeres corriendo por la playa en diminutos trajes de baño, a veces en cámara lenta, sin que ninguna parte de sus cuerpos se moviera demasiado o se desacomodara, nada de celulitis por supuesto, todas las imágenes eran de perfección.

Yo tenía como 35 años entonces y cada vez que veía a mi pareja suspirar frente a la televisión, corría al cuarto a ponerme una blusa amplia para que no se diera cuenta de mis lonjitas e imperfecciones, en caso de que tuviese la ocurrencia de quitar la mirada del televisor durante los comerciales y se le ocurriera voltear a verme y compararme mentalmente con Pamela Anderson o cualquiera de las bellezas del programa. En el proceso, para no sentirme demasiado mal, fumaba unos diez cigarros y, si no estaba a dieta en ese momento, comía unas cuantas bolas de helado que guardaba en el congelador para estas emergencias.

Las revistas de moda o chismes tampoco ayudan: fotos y fotos de mujeres semidesnudas con cuerpos perfectos y caras de ángeles. Vivimos en un mundo que le rinde culto a cierta idea de belleza física, a la que la mayoría de nosotras no podemos siquiera aspirar. Nada de eso ayuda a nuestra ya de por sí golpeada autoestima; en cambio se traduce en un mayor descontento de nuestro propio cuerpo. Hay mujeres que simplemente no pueden verse de cuerpo entero en el espejo porque sienten un dolor profundo ante la imagen que se refleja. Hemos desarrollado una gran aversión y rechazo al cuerpo, como si fuera un bote de basura en el que hemos depositado cosas feas y terribles. Nos causa enojo y disgusto; sentimos como si viviéramos en una prisión de carne y hueso de la cual tratamos de escapar. Nos torturamos comiendo de más, fumando, excediéndonos con todo tipo de cosas que nos hagan olvidar este contenedor en el cual vivimos. Castigamos nuestro cuerpo exponiéndolo a dietas ridículas, a operaciones peligrosas, todo porque no es lo que quisiéramos que fuera.

No nos hemos percatado de que el cuerpo es el que nos ayuda a percibir la realidad, porque a través de él podemos percibirnos a nosotras mismas. Nuestra vida está impresa en nuestro cuerpo: alegrías, dolores, enojos, necesidades, todo lo que hemos vivido se procesa y se expresa a través del cuerpo.

En uno de los talleres que imparto junto con Vishrantie —otra terapeuta que además de ser mi hermana de sangre lo ha sido también en el camino espiritual— iniciamos el día revisando los condicionamientos que cada participante trae en relación con su cuerpo. Es estremecedor ver cómo todas, jóvenes, maduras, flacas, delgadas y llenitas tienen la impresión de tener un cuerpo feo, defectuoso, al que le falta esto o aquello. Todas compartimos algo en común:

una gran vergüenza de nuestro cuerpo, de la energía que albergamos en él y de ser quienes somos.

Estamos avergonzadas de nuestro cuerpo, de nuestra energía sexual, emociones y pensamientos. Actuamos como si escondiéramos cosas terribles, como si fuéramos unos seres horribles que no merecen ser amadas ni respetadas. Esta vergüenza nos crea terribles miedos al rechazo, a no ser merecedoras de las cosas bellas de la existencia. Por ello vamos por la vida aceptando migajas de amor, trabajos que no nos gustan, presiones y malos tratos... todo por sentir que estamos feas.

Esta vergüenza nos llena de culpas, de sentimientos de inferioridad. Nos desgastamos tratando de cumplir expectativas de los demás y nos sentimos terriblemente mal por no lograrlo. A veces incluso preferimos ni siquiera intentar algo porque, de entrada, nos sentimos incapaces de hacerlo. Vivimos escondiendo una profunda sensación de ser inadecuadas e indignas.

Krishnananda, en su libro *De la codependencia. Cara a cara con el miedo,* habla de la vergüenza como uno de los problemas básicos de la codependencia. La primera vez que lo leí, me sentí tan identificada y entendí mi propia vergüenza y sentimientos de inadecuación, de tal manera que agradecí profundamente haber tenido la oportunidad de leer las siguientes palabras:

La vergüenza es este estado en el que sientes que básicamente estás equivocada. Es un profundo sentimiento interno de humillación, no por algo específico sino por todo tu ser. Y por este sentimiento básico de no estar bien, perdemos la conexión con toda nuestra energía vital y con los sentimientos. No confiamos en lo que nos está sucediendo dentro y perdemos la habilidad para sentir o expresarnos. Cuando somos pequeños necesitamos desarrollar y cultivar la confianza y la autoestima, esto se logra cuando recibimos el reflejo positivo de un espejo amoroso, apoyo y amor incondicional, pero cuando no se nos reafirma en lo que somos sino que, al contrario, nos meten en moldes que no tienen nada que ver con nosotros, moldes que son proyecciones y expectativas de los demás, entonces cubrimos nuestro núcleo esencial con una manta de dudas, miedos, inseguridades y sabotaje. Nos cubrimos con el manto de la vergüenza.

◆ ◆

Después de que supe esto, fui capaz de observarlo en el aspecto corporal, es decir, aprendí a identificar las sensaciones físicas que experimento en las situaciones que hacen surgir mi vergüenza: calor en el vientre y en la cara, sudoración en las manos, incluso cambia el olor que emite mi cuerpo, es un olor a vergüenza. Cuando estoy en ese estado, mis pensamientos son confusos y siento claramente la manera en que mi energía se retira del cuerpo, como queriendo escapar del lugar donde me encuentre.

Poco a poco he aprendido a quedarme quieta cuando me siento así y no buscar maneras de escapar de lo que mi cuerpo está sintiendo. Acepto el hecho de que siento vergüenza y respiro de manera suave, observando simplemente lo que sucede dentro de mí en vez de atacar o huir. Esto me ha ayudado a entender cuáles son los condicionamientos que causan mi vergüenza para trabajar con ellos y me doy cuenta de que son cosas ajenas a mí, que no tienen nada que ver conmigo ni con la realidad. Son juicios emitidos por personas que seguramente fueron parte de mi infancia e influyeron en la manera cómo me percibo hoy. De alguna manera, estos "espejos" estaban también rotos, opacos y así fue el reflejo que recibí de ellos que, a su vez, seguramente tuvieron la misma experiencia en sus vidas. No hay nadie a quien culpar. No queda más que hacernos responsables de nuestras heridas y barrer cada quien nuestra banqueta. Entender que son historias de generaciones y generaciones, y estar conscientes de ellas para no seguir perpetuando tanto dolor.

Por esto siento indispensable incluir el trabajo corporal dentro del proceso para curar nuestras dependencias y adicciones, porque alejarnos de nuestro cuerpo y del dolor que hemos guardado por años es lo que nos lleva a perdernos y a buscar una sensación de bienestar afuera de nosotros, una satisfacción o recompensa por todo lo que hemos vivido y lo que nos engancha finalmente en sustancias y patrones de relaciones dañinas.

Al trabajar con el cuerpo y su energía, soltamos las tensiones musculares y energéticas creadas y guardadas en años, liberamos tanto nuestra vitalidad como las emociones. Podemos ver claramente la prisión que hemos creado alrededor de nosotras, y encontrar las llaves para permitirnos nuevamente amar y celebrar lo que somos.

Cuando expresamos nuestras emociones con la voz y el cuerpo, cuando permitimos una catarsis total en la cual expresamos con todo nuestro ser cualquier situación que surja, creamos otro espacio dentro de nosotras, una dimensión donde poder contenernos a nosotras mismas, nuestras emociones y miedos.

Dolores de cabeza, migrañas, cuellos tensos así como espaldas adoloridas son el resultado de años de acumular y reprimir emociones, de contener lo que deseamos decir, ya sea por miedo o por temor de perder a alguien amado. Toda esta represión nos enferma y pone de mal humor, nos impide vivir una vida plena y gozosa, como debería ser.

Habitar el cuerpo

Por supuesto que podemos estar más conscientes de nuestro cuerpo, de nuestra respiración y poco a poco reconectarnos con lo que sentimos. Al inicio es casi imposible hacerlo sola, así que te recomiendo asistir a algún tipo de psicoterapia corporal. Para adentrarse más en este tema recomiendo el libro *Flujo de vida,* del doctor Carlos de León, que trata de manera muy profunda y completa este tema, muestra la gran importancia de trabajar con el cuerpo y la energía, además de otros temas de profundo valor en el camino de la búsqueda espiritual y el desarrollo. Otro libro que me encanta es el de Aneesha Dillon, *Pulsación.* Ella fue aleccionada directamente por Osho para crear esta técnica. Es importante resaltar que el doctor Wilhelm Reich fue el padre de la psicoterapia corporal, y que existen muchas y variadas escuelas derivadas de su trabajo.

A continuación, un pequeño ejercicio extraído del libro *Habitar el cuerpo,* de Christine Caldwell. Puedes hacerlo en

casa buscando un lugar donde puedas estar tranquila, sin te-
léfonos, regalándote media hora para conectar con tu cuerpo.
Recuéstate, de preferencia en el suelo, sobre algún tapete
de yoga o una colchoneta suave. Rodillas flexionadas, pies
en el suelo y respira hondo. Con la inspiración concéntra-
te en llevar el aire a la parte inferior del abdomen. Dedica
un momento a prestar atención a tu interior y describe las
sensaciones físicas que experimentas, sin interpretarlas o
juzgarlas. Si empiezas a hacerlo, limítate a notar que te estás juzgando y vuelve a las sensaciones. Algunas pueden
ser muy sutiles. En esos momentos, no hay ninguna sensación que sea más importante que otra. Incluso la percepción
de que no ocurre nada es una sensación. Examina tu cuerpo
y presta atención a todas sus partes, a todos sus rincones.
Fíjate qué zonas atraen tu atención y en cuáles no pare-
ces sentir nada. Cada vez que estés consciente de alguna
sensación corporal, respira hondo y di: "ahora estoy consciente de…" Tensa y relaja alternativamente esas partes del
cuerpo y descríbete a ti misma la experiencia. Nota en qué
momento te ha resultado más fácil prestarles atención y en
cuáles otros ha sido más difícil.

Escribe la experiencia en tu libreta.

CAPÍTULO VI

Del miedo al amor

No me interesa lo que haces
para ganarte la vida;
Quiero saber lo que anhelas
Y si estás dispuesta a soñar en encontrar lo
que tu corazón añora

No me interesa dónde,
qué o con quién has estudiado;
Quiero saber qué te sostiene por dentro
cuando todo lo demás se derrumba

Quiero saber si puedes estar sola contigo
Y si realmente amas la compañía que llena
tus momentos vacíos

ORIAH
La invitación

Abrirnos a la vida

CUANDO ME SIENTO TRISTE, agotada o un poco separada de mi espiritualidad, me gusta leer poemas. Poemas que hablen de amor, no hacia un hombre sino al sendero espiritual, a la búsqueda y a Dios —o a lo divino, si así lo prefieres, aunque para mí definitivamente es Dios—. Amo caminar en el bosque, sentir la energía de los árboles y empaparme del rocío floral.

Me gusta leer a maestros que me inspiren y ayuden a recordar quién soy, qué hago aquí y cuál es la verdadera importancia de mi vida, más allá de mi historia personal, limitaciones humanas y cotidianidad; recordar que soy un alma en un cuerpo, no sólo un cuerpo con alma. Me gusta escuchar canciones que eleven mi espíritu y me ayuden a conectar con una fuerza superior. Me encanta que la vida me recuerde que hay algo para lo que estoy aquí, que tengo una tarea que dignifica mi existencia.

Como cualquier otra, soy una mujer que me desespero, me enojo, me aburro, cometo errores y la riego frecuentemente. No he logrado alcanzar lo que consideraría una vida ideal, pero he aprendido a amar y a agradecer lo que tengo; sobre todo a dejar de llorar por lo que no.

Hace muchos años tuve una fuerte crisis: dejé un trabajo que me permitía vivir muy bien, pero que ya no quería. Decidí hacer un cambio drástico, así que desmonté mi departamento y me fui a radicar a Jalapa, donde vivía mi madre y con ella mi hija de 18 años. Un año después regresé a la Ciudad de México, porque la extrañaba y no logré hallarme en una ciudad pequeña como Jalapa. Para mí fue el inicio de tiempos muy difíciles. De vuelta en el DF, no encontraba trabajo y tenía que vivir en un pequeñísimo departamento con mi pareja, quien en realidad nunca me invitó, pero toleró con gran estoicismo mi llegada sorpresiva, "mientras encuentro trabajo y me instalo en mi propio espacio", le decía. Ese "mientras" se convirtió en muchos meses, difíciles todos ellos. Toqué puertas en lugares donde ya había trabajado, con gente que me conocía, busqué nuevas opciones, otros campos. Me sentía confundida y enojada, no entendía por qué no encontraba trabajo si nunca antes había tenido problemas para ello.

Hoy entiendo que la vida me decía que ése ya no era el camino, pero yo no escuchaba y tercamente pretendía volver mis pasos, al pasado: el mundo corporativo, conseguir un buen trabajo y pasarla lo mejor posible. No: la vida tenía otros planes para mí.

Pasó un año entre búsquedas de trabajo e idas y venidas a Jalapa, tratando de encontrar algo. Conseguí un empleo de medio tiempo en un lugar lejano y con una paga mínima, pero lo tomé, pues era todo lo que había y mis ahorros estaban por acabarse. Incluso vendí mi carro para aguantar más. Cuando regresaba al departamento, lloraba porque me sentía desesperada y la persona más desdichada del mundo. "Un buen trabajo", imploraba, "es todo lo que pido, un buen trabajo". ¿Cómo era posible que eso me estuviese pasando a mí?

Un año más tarde recibí un correo electrónico que anunciaba un curso de tarot, un tema que me ha interesado siempre. Lo había estudiado por muchos años y deseaba profundizar más en él, así que cuando me enteré de que la maestra era Regina, una mujer de quien me habían hablado maravillas, decidí tomarlo.

Desde la primera clase me fascinó, pero mi estado anímico no mejoraba mucho. Iba a las clases esperando que el tarot me indicara el camino mágico para que algo sucediera y se resolviera mi situación. Un día, mi maestra me vio en tan mal estado, que me ofreció una lectura gratis. Ese día llegué puntualmente a la cita y, en vez de ello, Regina me hizo una propuesta: irme a vivir con ella a La Casita, un lugar en el estado de México, cerca de Valle de Bravo, creada para que la gente entrara en contacto con su mundo interno y con la naturaleza. Un lugar sencillo de una gran belleza. Yo no lo conocía entonces, ni sabía qué haría ahí, pero acepté. Algo dentro de mí me dijo que era lo que necesitaba y esta vez sí me escuché. Renuncié a mi pequeño trabajo, le informé a mi pareja mi decisión de irme y emprendí la aventura.

Iba muerta de miedo, no tenía ni idea de qué pasaría, y mi objetivo del último año —encontrar un buen trabajo— se quedaba atrás, pero estaba tan fastidiada de estar desesperada y tan cansada de sentirme mal, que no lo pensé. Al menos esto me distraería y quizá algo nuevo se abriría.

Era mayo. El campo estaba verde y el cielo profundamente azul. La Casita era un lugar verdaderamente mágico. Pasé los siguientes meses despertando temprano, yéndome a caminar al campo y desayunando a veces en la casa del encargado, donde su esposa me ofrecía café y pan del lugar.

Los meses que estuve en La Casita fueron relajantes: caminatas por las mañanas, conversaciones con la gente que vive en esos campos, pláticas con uno de los guardianes del lugar, un perro sensacional que me acompañaba en mis caminatas y alejaba a los otros perros que me ladraban, tardes de lluvias torrenciales, rayos y truenos que sonaban como si cayeran en el mismo techo de La Casita. Sobre todo, mucho tiempo para reflexionar.

Había un bosque precioso a poca distancia de la casa, y Regina me enviaba ahí todas las mañanas para orar, y me decía: "ve y agradece. Piensa en diez cosas en tu vida por las que tengas que dar las gracias. Cuando termines, a ver si tienes cara para quejarte de lo que no tienes".

Todos los días me sentaba en una de las pequeñas colinas de alrededor y observaba el valle. El verano pasaba y llegaba el otoño. La cosecha, los campos amarillos, el cambio de colores en la vegetación eran situaciones que nunca observé en la ciudad. Entendí que, al igual que la naturaleza, nuestras vidas son ciclos y todo cambia, nada permanece. Yo había estado aferrada al pasado, de tal forma que no le daba entrada a lo nuevo. Mi mente simplemente no entendía que estaba en un nuevo ciclo de mi vida. Poco a poco, mi conciencia lo fue captando y me fui relajando. No tenía nada, absolutamente nada, pero tampoco me faltaba nada. Después comprendí que vivía en la abundancia; tenía todo lo que necesitaba y más.

Esta experiencia cambió mi visión de la vida: de sentirme víctima de las circunstancias, de sentir una profunda lástima por mí y de mi situación, empecé a experimentar un profundo agradecimiento por lo que la vida me estaba regalando. Me abrí a lo que estaba pasando, dejé de pelear con la vida y me sentí realmente cuidada y nutrida por la existencia. Pude ver claramente que el universo no estaba en mi contra; por el contrario, me estaba llevando suavemente hacia nuevos ciclos, sólo que mi resistencia había hecho del proceso algo muy duro. Regina fue el ángel que llegó a mi vida y me brindó ese bellísimo espacio, un lugar en donde pude relajarme y dejar de luchar. Sólo entonces pude recibir todo lo que venía para mí.

A partir de esa experiencia, muchas cosas mágicas sucedieron en mi vida, de manera totalmente sorpresiva. Después de seis meses en La Casita retorné a la Ciudad de México, para convertirme un año después en directora del Osho Center, algo que yo jamás me hubiese imaginado ni en sueños, porque en aquellos tiempos, el Osho Center no existía como tal; el grupo de gente que lo hizo posible llegó a mi vida después, gracias a diferentes circunstancias y situaciones. Hoy que volteo hacia atrás, miro claramente que algo se estaba tejiendo desde el inicio, tanto para mí como para todos los que estuvimos involucrados y fuimos llegando uno a uno. En mi caso, simplemente no poseía la confianza necesaria en la vida para relajarme y dejar que las cosas sucedieran. Suele ocurrir que no poseemos la visión necesaria para darnos cuenta de que hay un ¿para qué? en todas la circunstancias de nuestra vida, y por ello nos aferramos al ¿por qué?

Muchas cosas han pasado desde entonces: agradables, no tanto e incluso dolorosas, pero he aprendido que todo lo que he vivido es siempre una preparación para lo que está por llegar. Entender este proceso le ha dado sentido a todo lo que he vivido, contando los momentos más difíciles.

Tu vida sin cuentos

Estoy convencida de la importancia que tiene el sentido de la vida, y de que es justamente este propósito el que nos permite seguir adelante, a pesar de los obstáculos para soportar las pruebas fuertes que de pronto enfrentamos en el camino. Este sentido nos puede ayudar a abrirnos y a confiar que algo más grande, algo superior a nosotros está dirigiendo nuestros pasos. Sé que es necesario encontrar dentro de nosotras este propósito, este anhelo del corazón que será nuestro guía en el camino.

Muchas de las cosas terribles que nos pasan son llamadas de la vida, formas para ayudarnos a soltar hechos reprimidos, situaciones, relaciones que seguramente ya no nos impulsan para crecer y en las que estamos atoradas. La visión que tengo al respecto es que existe una fuerza superior que nos lleva a nuestro verdadero destino y que esta fuerza se comunica con nosotros por medio del corazón, de nuestro ser interno. Si nosotras estamos distraídas afuera —como pasa frecuentemente en cuentos de hadas o incluso en historias de terror—, no escuchamos esta voz interna, esta guía que nos está queriendo enseñar el verdadero camino, el propósito de nuestras vidas. Esta voz puede volverse cada vez más fuerte, y si seguimos sordas a ella, pues empezará a gritarnos, incluso a sacudirnos un poco para que la escuchemos.

Me parece que el primer llamado que nos hacen nunca es tan severo, que siempre ha habido señales posteriores a los rompimientos, despidos, bancarrotas, enfermedades, etcétera. Al menos hoy puedo ver claramente esas señales suaves que se me dieron antes de los empujones y las sacudidas. Quizá si observas y analizas todo lo que has vivido puedas también ver que casi siempre al inicio el llamado fue suave, pero con nuestros aferramientos, nos hacemos las sordas y entonces la vida, cual madre amorosa que es, nos tiene que llamar la atención de forma más fuerte y a veces hasta golpearnos un poco.

Nos cuesta trabajo escuchar la voz interna, porque realmente crecemos muy confundidas y distraídas con el ruido externo. El sentido de vida verdadero se ha distorsionado, afectado por todos los condicionamientos e ideas recibidas desde pequeñas. Eso tiene que ver con la sociedad en la cual crecimos, la cultura, la familia, pero casi nunca con nuestra verdadera esencia. Creemos que estamos aquí para escribir lindas historias de amor, cuentos de príncipes y princesas, historias de éxito social. Tenemos una idea muy romántica acerca de la vida y cuando las cosas no resultan de esta manera, nos frustramos, nos deprimimos y nos sentimos perdedoras.

Justo cuando escribía este capítulo, tomé el libro *El valor de lo femenino*, de Marianne Williamson. Lo abrí al azar y comparto con ustedes lo que hallé, porque es precisamente lo que deseo comunicar en esta parte:

> La mujer elige cada momento entre la condición de reina y de niña esclava. En estado natural, somos seres gloriosos. En el mundo de la ilusión, estamos perdidas y somos prisioneras, esclavas de nuestros apetitos y nuestro deseo de falso poder. Nuestro carcelero es un monstruo de tres cabezas: una es nuestro pasado; la otra, nuestra inseguridad; y la tercera nuestra cultura. El pasado es una historia que sólo existe en nuestra mente. Mira, analiza, comprende y perdona. Y luego, deshazte de él lo más rápido que puedas.
>
> La inseguridad es inevitable ante la ausencia de un sentido de valía personal. Sin un sentido de conexión con ideas más profundas y nobles estamos condenadas a una lucha desesperada por cosas que nos llenen: el trabajo, las relaciones afectivas, la apariencia, el cuerpo. Nos tiraniza la creencia de que somos incapaces. Ni el peor de los nazis con una ametralladora sería una presencia tan atormentadora.

La tercera cabeza del monstruo es la cultura de masas que financiamos con millones de dólares al año.

◆ ◆

Aunque todo es hermoso y vale la pena reflexionarlo, es el tercer párrafo donde habla de lo inevitable de la inseguridad ante la ausencia de un sentido de valía personal, lo que quiero comentar aquí. Buscamos ese sentido de valía afuera, porque así aprendimos a hacerlo, así nos enseñaron. Aprendimos a funcionar o no funcionar afuera, en el mundo, pero no nos dijeron que todo inicia en nosotras.

Si mi familia me dice que tengo que ser abogada porque es la tradición y a mí no me gusta, pero de cualquier manera lo hago porque así está establecido en las normas familiares, me voy a sentir mal siempre. Quizá un tiempo me satisfaga del hecho de haber sido una "buena hija", seguir la tradición y no dar problemas a mis padres, pero llegará un momento en que eso no sea suficiente ante la creciente frustración y entonces muy posiblemente entraré en fuertes crisis.

¿Cómo puedo encontrar mi sentido de vida si estoy en el camino incorrecto? ¿Qué tal si lo que mi corazón anhela es expresarse por medio de la actuación y resulta que ese camino es el que me llevaría a través de mi creatividad hasta mi propia realización? Y éste es un ejemplo, puede ser cualquier cosa que me conecte con mi verdadera naturaleza. No es necesariamente una profesión ni un trabajo, se trata simplemente de conectarnos con lo que realmente somos, lo que el corazón desea, seguir nuestro anhelo y éste nos abrirá puertas. Pero necesitamos atrevernos. Si nos quedamos en la zona de comodidad, en nuestros miedos, las puertas permanecerán cerradas y seguiremos buscando nuestro valor en mundos y sitios de falsos poderes, de castillos de aire. Ahí no hay forma de encontrarlo.

La vida no es ese cuento rosa que nos contaron de niñas y que constantemente tratamos de emular. No puedo dar una definición de lo que sí es la vida, porque en realidad estoy aún en el proceso de definir la mía. Cualquier cosa que diga será sólo una idea parcial, pero si he aprendido que la vida está pasando aquí y ahora, no en el pasado ni en el futuro, entonces comprenderé que ya está sucediendo. Para ver las señales, para abrir los ojos debemos despertar, porque estamos sumidas en sueños que muchas veces tienen el sabor de una pesadilla, pero aun así nos aferramos a ellos. Mientras tanto, la vida está pasando. Como dicen por ahí: la vida es algo que sucede mientras estamos distraídas con algo más.

La vida es tan amorosa, que a veces cuando no despertamos por nosotras mismas nos sacude lo suficientemente fuerte para que abramos los ojos, pero en vez de ver el amor de la existencia en los eventos, nos da por sentirnos víctimas y pensar que no merecemos nada, cuando en realidad el universo nos está empujando a seguir nuestros sueños, a cumplir con lo que sí somos.

Tu sentido de vida

Ahora recuerdo a las mujeres de las cuales escribí al inicio, por ello voy a continuar sus historias, como ejemplos hermosos de la idea para encontrar tu propia vida, sin los cuentos e historietas que hemos formado en nuestras mentes y que nos han llenado la cabeza de telarañas. Ante todo, debemos aprender a darnos cuenta que todo lo que nos pasa tiene un propósito: ayudarnos a encontrar nuestro sentido de vida.

◆ TERESA ◆

Teresa ha ido poco a poco soltando el sueño romántico de la familia perfecta, de vivir dentro de una burbuja junto con sus hijitos y su esposo para evitar ser contaminados por el mundo. No le ha sido fácil, le sigue costando mucho trabajo observar sus condicionamientos y separarlos de su verdadero anhelo. Se atora frecuentemente en su enojo con el ex esposo y aún se aferra a la idea un poco obsesiva de encontrar un hombre que le devuelva algo de lo que siente que perdió.

Ella guarda reminiscencias de la idea de que la vida le arrebató su mundo "perfecto", que le hizo una mala jugada, pero ha logrado responsabilizarse más de su vida, de ella misma. Hoy empieza a darse cuenta de que su existencia depende de ella, no de alguien o algo de afuera. Que el mundo no es perfecto, que estamos aquí para experimentar y equivocarnos, no para vivir vidas ideales. Que los fracasos no son el fin del mundo, son simplemente formas para irnos conociendo más e ir entendiendo la vida y el camino.

Tere ha empezado a ejercer su profesión con mucho miedo e inseguridades, pero con ánimos y deseos de salir adelante. Al inicio no creía en ella ni en su desempeño. Se sentía incapaz para lograr hacerla por sí sola. Pero día a día reconoce que puede resolver situaciones, que no es tonta ni inadecuada y, sobre todo, que no está sola. De una forma u otra, la vida la está apoyando. Empieza a disfrutar un poco más o quizá a sufrir menos la llegada a casa, donde no habrá, al menos por ahora, una pareja esperándola. Sus hijos han iniciado su propio camino, estudiando en otras ciudades. Ella los extraña profundamente pero está consciente de que no puede atarlos o atarse a ellos. A veces lo olvida, pero siempre hay algo que se lo recuerda; frecuentemente ellos mismos.

Cuando Teresa platica del rompimiento de su matrimonio, reconoce cómo ella se había perdido detrás de ese papel de la Señora de Fulanito de Tal. Acepta que como no observaba al hombre que fue su esposo, no miraba a los seres que eran sus hijos, sólo veía a los protagonistas de su película y su único interés era que aprendieran sus diálogos y siguieran el papel al pie de la letra. La vida liberó a Teresa de una situación de la que ella probablemente no se hubiera salido por sí sola.

El camino no es fácil, y para Teresa no es la excepción. Hay momentos muy difíciles en su nueva vida, pero lo importante es que está consciente de sus límites y ha aprendido a pedir ayuda cuando lo necesita. Tiene un círculo de mujeres: amigas, hermanas que la apoyan, que la escuchan y que toman su mano cuando se siente perdida. Ellas han sido el espejo amoroso que Teresa necesitaba en este momento. Le han reflejado el bello ser que es y lo seguirán haciendo hasta que sea capaz de mirarse a sí misma con ojos amorosos. Poco a poco ha aprendido a mirarse sin tanto juicio, sin tanto enojo, sin recriminarse cada minuto por no haber sabido conservar el "mundo perfecto". Lo más importante para ella es que ha aprendido a conectarse con algo superior y a confiar en que la vida tiene aún muchos regalos para ella.

◆ GABRIELA ◆

Nuestra fuerte y poderosa Gaby ha tenido que dejar un poco de lado su independencia y aparente desinterés en los demás. Su eterna canción de No necesito a nadie, yo puedo sola se le salió de tono, y le ha tocado aceptar su vulnerabilidad y lado débil, reconocer que necesita ser parte del género humano, que requiere del amor y el cuidado de otros seres. Que el ser vulnerable no es algo terrible, que está bien reconocer que somos seres con necesidades, y hacernos cargo de ellas.

Gaby pasó por unos meses muy duros. Poco después de su llegada al grupo, le encontraron cáncer en un seno. Afortunadamente, lo detectaron en las fases más tempranas y pudo llevar un tratamiento que salvó su vida, no así sus senos. Es una mujer valiente y animosa, con el apoyo del grupo sigue trabajando profundamente en su historia.

Antes de su enfermedad, para Gaby era muy difícil bajar la guardia y relajarse en la agrupación. Seguía montada en su caballo, siendo la eficiente, intentando proteger a las demás, darles consejos, decirles cómo vivir sus vidas, enojándose cada vez que alguna hablaba de su dependencia emocional. Parecía que realmente tenía todo "bajo control" e insistía que estaba ahí para apoyar a Teresa y asegurarse de que realmente ésta saliera adelante. Debido a su enfermedad, tuvo que retirarse un tiempo de su trabajo, dejar las fiestas, las salidas, las borracheras y estar mucho tiempo con ella misma. Las chicas de la comunidad la visitaban y ella tuvo que permitir que la ayudaran, a veces hasta para ir al baño.

Sus padres le pidieron que se fuera a casa de ellos, pero ante su negativa, la madre tomó sus cosas y se mudó al apartamento de Gaby. Era increíble, ¡Gaby no podía creer que su madre hubiese abandonado a su esposo por ella! ¡Que se hubiese atrevido a mudar, aunque fuese de forma temporal, a su casa! Esto hizo posible que Gaby y su madre se conocieran de nuevo, que se vieran de una manera nueva. Gaby se impresionó al ver la fortaleza de su madre, reconoció su valor, su firmeza ante el padre para irse con su hija. Resultaba obvio que no era una mujer tan débil y sumisa como Gaby siempre había pensado. Tenía grandes agallas, pero simplemente Gaby no las había visto. Esta pequeña mujer no necesitó gritar, pedir permiso o huir, simplemente ante el padre azorado, hizo su maleta, se despidió con un breve "te veo pronto" y se mudó a casa de su hija.

Gabriela hoy está bien, fuera de peligro y esta experiencia la abrió completamente. Nos mostró sus miedos, su vulnerabilidad, su necesidad y nunca estuvo más hermosa que cuando compartió esta parte suave y femenina con todas nosotras.

❖ INÉS ❖

Inés ha tenido que trabajar muy fuerte en su negación y otros mecanismos de defensa. Al principio le pareció totalmente absurda la idea de que el cuidarse a sí misma pudiese ser más importante que cuidar a su familia y a otras personas. Peleó mucho con este pensamiento y se resistió a abrirse, manteniendo sus defensas arriba. Finalmente decidió retirarse del grupo y desapareció. No volví a saber de ella en los siguientes seis meses.

Una tarde apareció inesperadamente en la sesión. Había bajado varios kilos y se veía mucho más joven, más ligera y, por supuesto, más contenta.

Nos platicó que después de alejarse de las sesiones, trató de olvidar todo y seguir su vida, como siempre. Pero no pudo, se sentía mal con ella misma y una pequeña voz interna le recordaba todo lo que había aprendido durante el tiempo que permaneció en el taller. En su día a día, cada vez se sentía más sola. Sus hijos se alejaban cada vez más, al tiempo que ella trataba de retenerlos utilizando diferentes ardides. A veces se enfermaba o creaba dramas para que ellos la visitaran y se quedaran más tiempo con ella. Su marido nunca estaba, salía desde temprano y regresaba hasta tarde, cuando ella ya dormía. Los fines de semana, él se iba a jugar al club con sus amigos y desaparecía prácticamente todo el sábado y parte del domingo. Cuando se encontraba en casa, prendía la televisión y se quedaba sentado, viendo los partidos de futbol o alguna película de acción que le interesara.

Inés se sentía cada vez más sola, no paraba de comer a todas horas. Se descubría comiendo constantemente y cada vez se sentía peor y más enojada por no poder parar.

Finalmente ingresó a un grupo de autoayuda de comedores compulsivos y trabajó en su manera de esconder emociones con la comida. Más que ponerse dietas absurdas, que de todos modos nunca seguía, aprendió a observar qué sentimiento la hacía comer de manera compulsiva.

Poco a poco se fue dando cuenta de que cuidarse a sí misma no era una expresión de egoísmo, así que empezó a observar sus patrones de complacer a los demás. Siguió el plan de alimentación del grupo, empezó a bajar de peso y sobre todo a reconocer que utilizaba la comida para no sentir. Inés ha permanecido algunos años en ese programa; de vez en cuando nos reunimos para platicar y ella participa en alguno de mis talleres. Está formándose como terapeuta y planea tomar una especialidad en desórdenes alimenticios.

Su esposo, como no lo había hecho en mucho tiempo, la invita a salir: van al cine, a veces a cenar, planean vacaciones juntos y disfrutan de su tiempo, sobre todo porque los hijos ya han formado sus propias vidas. Inés es ahora una mujer plena, sus ojos brillan, su sonrisa es un rayo de luz, ya no es esa máscara que utilizaba todo el tiempo. Ahora es un bello reflejo de algo real que ha surgido en su interior. Esta felicidad no es consecuencia de algo afuera sino el resultado del trabajo interno al que se ha comprometido. Y esa es su recompensa: recuperarse a sí misma.

◆ MÓNICA ◆

Para Mónica ha sido un proceso difícil. Una mujer tan completa, llena de triunfos y a la vez una niña tan insegura y tan necesitada de ser amada por lo que es y no por lo que hace. Seguramente sus padres siempre la han amado porque simplemente es su hija, pero la sensación de ella es devastadora, está convencida de la necesidad de ser la mejor. Realmente siente que si no se desempeña perfectamente no será amada, especialmente por su padre.

Su madre se hizo a un lado desde que Mónica era pequeña y la dejó en manos del padre. Está ahí y es mucho más importante para Mónica de lo que ella misma piensa, pero el problema es que la mujer siempre ha pensado que Mónica no la necesita, que su padre es suficiente. Ella misma no se sabe valiosa. Es también como una pequeña niña para el esposo-padre. La mamá no sabría cómo ayudar a Mónica a salir de la prisión donde ella misma está atrapada. Simplemente se hace a un lado.

Mónica ha pasado por varias etapas en el grupo: demasiado hartazgo de estar complaciendo a papito, enojo por sentirse atrapada en la búsqueda constante de su aprobación, sus profundos miedos a ser rechazada por él si no era la mejor en todo. El dolor de no sentirse apoyada por su madre y amada por simplemente ser quien es y muchas otras cosas que fueron surgiendo.

Durante el proceso, Mónica renunció a su trabajo, su padre se molestó profundamente con ella, la mamá le pidió que no hiciera cosas que enojaran a papá, ya que él "sólo desea su bien". Y seguramente así es, nada más que a Mónica no le sirve la visión de papá, necesita encontrar la propia.

Con todo esto a cuestas, a pesar de enojos y reclamos de sus padres, Mónica decidió irse un tiempo. Escogió la India, un Ashram de meditación y ahí se encuentra. De vez en cuando envía un correo electrónico. Se encuentra contenta, se siente libre, sabe que ése no es el lugar donde desea establecerse, a ella le encanta su país, pero necesita estar lejos por ahora. Darse tiempo para descubrir qué es lo que ella desea, qué le gusta, qué la mueve. Tantos años haciendo lo que su papá deseaba... Este es el momento para que ella descubra quién es cuando no está rodeada de su familia, de su entorno. De alguna manera logró salirse de la zona de comodidad y ahora es tiempo de experimentarse.

¡A bailar!

Estas mujeres, como muchas de nosotras, han dado un paso, o incluso más, fuera de su zona de comodidad. A veces, las menos, lo hacemos por voluntad propia, otras porque la vida nos empuja hacia afuera, literalmente nos avienta a la pista de baile. Esta frase me recuerda que cuando era joven, me encantaba ir a fiestas. Había muchas chicas que se sentaban a esperar a que alguien las sacara a bailar y si esto no sucedía, se quedaban sentadas sin atreverse a dejar el lugar donde se encontraban. Otras rechazaban a todos los que se acercaban, y cuando les preguntaban por qué, siempre respondían cosas como: "no me gustó", "está chaparro", "está muy alto", "gordo", "flaco", etcétera. Siempre había una razón para no bailar. Otras, las menos, se paraban a bailar solas, pero era todo un atrevimiento. A diferencia de ahora, no era algo que se viera bien, las "chicas buenas y decentes" no lo hacían. Al menos éstas se divertían y no dependían de que alguien las sacara a bailar.

La vida es una pista de baile para todos. El problema es que muchas veces preferimos quedarnos muy cómodamente sentadas, viendo a otras personas bailar, pero nosotras no nos movemos. Pero la vida no es como esas fiestas. Tal vez te permita quedarte un rato sentada, pero tarde o temprano te empuja de tu silla. No hay forma en que puedas pasar la vida en tu zona cómoda. Simplemente no funciona así. Es como pretender mantener unos zapatos cómodos aunque el pie esté creciendo: tarde o temprano nos apretarán y tendremos que botarlos.

Como dije antes, la vida es una madre amorosa, compasiva, cuya primera llamada es casi siempre suave. Un golpecito para movernos. Las siguientes aumentarán de fuerza hasta volverse un rayo poderoso que de un golpe destroce las estructuras que nos han mantenido atadas. El estallido es la consecuencia de nuestras represiones, nuestra negativa a movernos. Aunque la destrucción puede parecer un desastre externo, éste no llega para castigarnos o para hacernos sentir que somos unas fracasadas. En realidad es un rayo liberador; llega para romper nuestras cadenas, esas cadenas que no hemos sido capaces de romper nosotras mismas. La existencia no permitirá que nos quedemos por siempre atrapadas en nuestra torre de ilusión y autoengaño. Si no salimos de ella pacíficamente, las fuerzas de la vida crearán una explosión para liberarnos y liberar la energía que hemos reprimido por tanto tiempo y que nos impide vivir una existencia plena y de gozosa libertad.

Cada brizna de pasto tiene su ángel
que se inclina y le susurra: Crece, crece

El Talmud

Nuestros anhelos y sueños del alma nos llegan desde una fuente divina. Al movernos en la dirección de nuestros sueños, nos acercamos a nuestra divinidad. He mencionado varias veces el anhelo del corazón; para mí, éste ha sido mi guía. Cuando mi corazón anhela algo, lo escucho, no es el ego, no es la mente, no es tampoco la emocionalidad. No hablo del corazón como ese órgano romántico usado en las historias de amor; esta búsqueda no es sentimental, aunque por supuesto tiene que ver con mis sentimientos. Va más allá de eso: tiene que ver con algo que nos hace plenamente felices. No esa felicidad que buscamos en el mundo, que en ocasiones está y a veces no. Es algo mucho más profundo. En mi caso, lo encuentro cuando me siento triste, cuando la vida pega duro. Cierro los ojos y ahí está. Por supuesto tiene algo que ver con estar haciendo lo que amamos. Pero también es más profundo que el hacer, lo siento más conectado al ser que ama, que sobre todo se ama a sí mismo y que, ante todo, busca su conexión con lo divino.

Elige un anhelo que tengas, que sea importante para ti. Escríbelo en tu libreta.

Anota todos los obstáculos y limitaciones personales que piensas están entre tu persona y tu anhelo.

Ahora escribe cómo sería tu vida si no existieran ninguno de estos obstáculos o limitaciones.

Haz un dibujo que te represente en esa vida ideal. Usa colores que te gusten. Hazlo de buen tamaño y colócalo en algún lugar donde puedas verlo frecuentemente.

Un día ideal. Utilizando la información de tu anhelo diseña un día ideal en tu vida actual. Usa tantos elementos como sea posible para emular tu sueño y permítete vivirlo.

CAPÍTULO VII

Completándonos en lo femenino

La mayor fuerza en el universo psicológico
es la demanda por el completamiento,
la totalidad, el balance

CARL G. JUNG

La emperatriz

Hemos de coger la mano de otra mujer que llora
y ayudarla con ternura, porque de otro modo "ella"
—esta ensombrecida identidad femenina colectiva—
se convertirá en un monstruo
que ya no permitirá que no lo oigan

MARIANNE WILLIAMSON
El valor de lo femenino

ADEMÁS DE TRABAJAR impartiendo grupos y talleres para mujeres, practico y enseño la lectura del tarot terapéutico: una forma de autoconocimiento en la que utilizamos los símbolos del tarot para adentrarnos en el inconsciente.

Cuando iniciamos el trabajo con los arcanos mayores, entramos al mundo de los arquetipos universales y la forma individual de vivirlos. Nos enfrentamos a los símbolos que rigen nuestro rico mundo del inconsciente y cada uno nos revela nuestra realidad interna, frecuentemente desconocida, sumida en las sombras de lo no conocido por nosotras. Estos arquetipos o símbolos gobiernan nuestra vida desde esa región oscura y es preciso llevarlos a la luz del consciente para reconocerlos e integrarlos.

En este capítulo hablaré de La Emperatriz, el arcano que representa a la Madre, la parte femenina, y nuestra relación con ella. De acuerdo con Jung, encarna el arquetipo del Ánima, lo femenino, lo creativo, lo receptivo, la sexualidad femenina, el embarazo. La energía de La Emperatriz es de ternura, suave, receptiva y contenedora. Es la tierra fértil que El Emperador, símbolo de lo masculino, regará con la divina semilla dadora de vida. La Emperatriz representa por supuesto a la Madre Naturaleza y a las fuerzas que ésta posee. A veces nos habla con la dulzura de la primavera, con la calidez del verano; otras, nos golpea con el frío cortante del invierno o la acción terminante del otoño. En ocasiones es una suave brisa; otras, una tormenta devastadora. Todas estas formas somos las mujeres.

Este símbolo encarna y rige la femineidad en todas sus manifestaciones. Está representada por Venus, máxima expresión de amor, instinto maternal, belleza, sabiduría, conexión entre el espíritu y la materia; riqueza interior y exterior. La hermosa apariencia no es más que la indicación de algo más grande y más bello que se oculta dentro de sí. El sentimiento se conjuga con la comprensión y surge esa inteligencia especial caracterizada por su sensibilidad.

Al trabajar con este símbolo, muchas de las mujeres en el taller reconocen su gran conflicto con lo femenino, con su propia sexualidad, en las relaciones con otras mujeres, muy frecuentemente con su propia madre y lo que ella representa. Creo, y lo he visto a través de los años, que las relaciones más conflictivas, más difíciles pueden ser las de una hija con la madre. El amor-odio entre nosotras nace de la competencia disfrazada, el intento de crear una mejor vida, la forma en que las mujeres temblamos ante la llegada de los años maduros —sobre todo al ver por un lado a nuestra madre augurando el futuro y, por otro, lo que vamos dejando atrás, reflejado en la fresca belleza de nuestras hijas—, incluso la envidia de lo que perdimos, algo que la mayoría de las mujeres nos negamos a reconocer ante el temor de vernos como madres terribles.

Nuestra madre representa lo que nosotros somos. Hemos aprendido de ella y constantemente nos refleja a la mujer en que nos estamos convirtiendo. Es un espejo difícil: muy confrontante y aterrador para algunas, a veces porque tememos convertirnos en ellas, otras ocasiones porque las idealizamos y sentimos que nunca seremos como ellas. De cualquier manera, nos enfrenta con lo que no nos gusta de nosotras, con todas las heridas de inseguridades, de baja autoestima y con nuestros peores miedos ante la vida. Me ha tocado trabajar con muchas mujeres cuyo único propósito en la terapia es ser diferentes a sus madres, porque están aterradas de repetir historias y tienen la esperanza de poder crear algo mejor para ellas. Y es justo aquí donde estamos atoradas. Por eso es importante conocer qué ideas, creencias, condicionamientos tenemos acerca del ser mujer. ¿Vemos a la Emperatriz en toda su gloria o la relacionamos con una arpía que está lista para devorarnos?

La Emperatriz tiene dos caras: una evoca la creatividad, la ternura, es la mujer llena del fuego de su propia energía, bañada por el agua de sus sentimientos y acogida por la tierra donde se planta, libre como el aire que la completa, dispuesta a superar los límites, sea cual fuere su edad. La mujer sabia, plena que desea compartir su conocimiento y experiencia con otras mujeres, con sus hijas y las hijas de sus hermanas. La mujer que sabe que es precisamente en la complicidad con el espíritu femenino y con otras mujeres cuando encontrará su propia sanación. La mujer que es capaz de conocerse y abrazar las partes luminosas y oscuras de la diosa, porque sabe que es el conocimiento de todas ellas lo que le devuelve su poder. Un poder que no es destructor: es el poder renovador de una tierra fértil. Esta mujer puede ver porque no desea cegarse ante la realidad, la suya y la de los demás. Pero no se vale de juicios ni palabras hirientes, no pretende implantar su verdad ante nadie, ni siquiera ante sus hijas o hermanas. Este aspecto de la Emperatriz se enjoya con las bendiciones del universo y comparte con el mundo sus bondades. Es la mujer creativa, la esposa, la amante amorosa, la madre sabia que da amor y permite libertad, pero a la vez contiene y apoya a sus hijos. La hermana, la amiga que comparte, que abre sus brazos al mundo, pero también sabe cuándo cerrarlos para abrazarse ella misma. Sabe quién es por eso se relaja bella y dignamente en su ser. Sabe, porque lo ha aprendido, que su poder no está afuera, no está en su belleza física sino en el aprendizaje de los años, en las experiencias vividas y digeridas, en su capacidad para abrirse a la vida y de haber aprendido que no estamos aquí para buscar la perfección sino para experimentarnos. Que no hay fracasos, sólo vivencias y aprendizajes. Ha trascendido las historias personales y se interesa por cosas mucho más grandes que éstas.

La otra cara de la Emperatriz, el arcano invertido, es la mujer que vive atrapada en sus miedos e inseguridades y que, desde este espacio, se siente amenazada y atacada por el mundo, pero muy especialmente por otras mujeres. Es la que nos han mostrado en las telenovelas: la sufrida, la mártir, la que permite que todos la pisen y que en el fondo no es tan "buena", como nos han querido convencer. También es la que toma el papel de la "mala", la que manipula, impone y se alimenta de las desgracias ajenas, envidiosa de la felicidad de los demás. Critica, juzga y destruye. Es la que siempre pretende arreglar la vida de los otros sin observar lo que pasa en la suya. Son mujeres cuyo dedo índice siempre se sacude en las narices de los demás en una posición acusadora. Las recuerdo perfectamente... mujeres de mi infancia y sobre todo de mi juventud, las madres de mis amigas que hablaban mal de todas las muchachas que se atrevían a desviarse, aunque fuera un poquito, de las conductas regidas por "la moral y las buenas costumbres". Sentadas y tiesas en las fiestas donde iban a vigilar a sus hijas, como brujas temibles, afilándose la lengua que usarían sin parar en el transcurso de la noche. Y lo chistoso es que mientras se dedicaban a espiar y criticar a las hijas de otras mujeres, las suyas se escondían para besarse con los novios y hacer las mismas cosas que sus madres tachaban de "terribles e inmorales". Hoy que las recuerdo, siento incluso un poco de compasión, entendiendo que eran mujeres solas, abandonadas por los maridos quienes habían desaparecido de sus vidas o simplemente las ignoraban, pero sobre todo abandonadas por sí mismas. Mujeres con el corazón roto, y el cuerpo vacío y seco. Su gran y único sentido de vida era cuidar a las hijas y aleccionarlas para pescar un buen partido.

La carta de La Emperatriz nos invita a examinar la relación con nuestra madre y con las mujeres de nuestra vida. Nos invita a considerar las muchas implicaciones que la palabra mujer tiene para nosotros: como hijas, madres, hermanas y amigas, sobre todo desde esa parte que actúa como "madre" con nosotras mismas. ¿Somos capaces de maternarnos? ¿Cuidarnos? Desde esta "madre introyectada": ¿somos dominantes, cálidas, castrantes o relajadas?

Es importante reflexionar acerca de este punto, porque lo que seguiría es precisamente trabajar con nuestra parte femenina, con mujeres que nos acompañen en el camino, pero ¿cómo podríamos hacerlo si para muchas de nosotras somos nuestras peores enemigas? El espíritu de lo femenino ha sido tan mancillado, tan pisoteado a través de siglos y vidas, que muchas nos alejamos de él, aterradas de convertirnos en la segunda parte de la vida de nuestras propias madres, o la tercera de las abuelas. Estamos aterradas de ser mujeres, porque el mundo no ha sido ni es generoso con nosotras. Muchas nos hemos disfrazado de hombres pretendiendo ganar la batalla, pero en el camino nos hemos perdido cada vez más. Ya sea sucumbiendo al conocido papel de mujeres sometidas o huyendo desesperadamente de él, en ambos casos hemos cedido al miedo nuestro verdadero poder.

Hablamos ya de la necesidad de realizar estos cambios, pero de hacerlos internamente, dejar de luchar afuera, porque afuera sólo hay sombras y pelear con una sombra es agotante, pero sobre todo inútil. Nuestra transformación, nuestro encuentro con la divinidad femenina y el dios masculino deberá ser en nuestro mundo interior.

La revolución interna

Hace poco una amiga especialista en numerología me explicaba cómo a través de los últimos años la energía del mundo ha ido cambiando y cada vez es más necesaria la fuerza del espíritu femenino para sanar la tierra y la vida de todos nosotros. Las guerras, la violencia, todo lo que está sucediendo es a consecuencia de demasiada energía masculina y ausencia de lo verdaderamente femenino en el mundo. Incluso, las mujeres que han asumido algún tipo de poder también usan su energía masculina y se olvidan de La Emperatriz que vive en ellas. No es que sea exclusivamente de las mujeres; los hombres también llevan este arquetipo en ellos y pueden contribuir con su parte de energía creadora, amorosa así como nutriente, en vez de continuar destruyendo el planeta y a todos nosotros.

Crecí con un profundo espíritu revolucionario. De niña me encantaba leer libros de corsarios y piratas rebeldes que luchaban escarnecidamente contra la tiranía de algún gobierno opresor. Devoraba entusiasmada las historias de la mitología donde los héroes debían cumplir toda suerte de tareas extraordinarias y matar monstruos terribles en búsqueda de libertad. Especialmente amaba la historia de Prometeo, este titán valeroso, amigo de los hombres, que por robarse el fuego del Olimpo y entregarlo a los humanos fue condenado a pasar la eternidad amarrado al Cáucaso. Zeus enviaba cada noche un águila que devoraba las entrañas de Prometeo, quien por ser inmortal no moría. Sus entrañas crecían de nuevo durante el día, para ser comidas otra vez por el águila al llegar la noche.

Era muy pequeña cuando el movimiento hippy comenzó, pero estoy segura de que si me hubiese tocado, hubiera considerado seriamente la opción. Recuerdo muy bien un letrero que mi madre colgó en la pared cuando en mi cumpleaños catorce pedí como regalo una decoración hippy en mi cuarto. Ella dibujó un pulpo muy simpático, vestido jipiosamente, y en uno de sus tentáculos sostenía una pancarta que decía: "Make love, not war" (Haz el amor, no la guerra). Ésa hubiese sido una buena forma de vida, pero nací una década demasiado tarde, y el movimiento murió muy rápido. Escuché alguna vez que los hippies, a pesar de andar descalzos o en huaraches, no tenían los pies en el suelo sino demasiado corazón y poco arraigo. De cualquier manera, no me tocó.

Cuando estaba en la preparatoria, alrededor de los años setenta, hubo en Tabasco una serie de disturbios estudiantiles que provocaron que un grupo de pseudoestudiantes tomara la universidad. Cuando me enteré de ello, no tenía vela en ese entierro ni la mínima idea de lo que estaba pasando, pero tomé prestado el carro de mi madre, con mi dinero compré panes y otros víveres y se los llevé a esos personajes, a quienes en la fantasía de mi mente adolescente vislumbraba como una especie de Che Guevara tabasqueños. Me hice amiga de ellos y les compraba galones de pintura (que utilizaban para pintar los camiones y muros con sus frases de protesta) y, por supuesto, cosas para comer en su encierro voluntario.

Afuera de la preparatoria no era raro que se armaran camorras por cualquier situación, y siempre estaba yo defendiendo a los que consideraba "débiles", protegiendo a mis compañeros de los "malos" de afuera. Con los años dejé de hacer estas cosas, pero siempre mantuve el espíritu revolucionario. Sin embargo, no tenía idea de qué hacer con él o dónde ponerlo. Me quedó claro que no estaba dispuesta a tomar las armas o a romperme el alma viviendo en alguna selva o montaña para apoyar a los que luchaban por los derechos. Cuando mucho, iría a una peña y cantaría canciones de protesta a la luz de una vela y con una copa de vino en la mano.

Después empecé a buscar realmente respuestas a todas mis inquietudes. En una ocasión, leyendo sobre el tarot zen de Osho, encontré un texto en el que este gran místico explica la carta del Rebelde, que curiosamente corresponde al naipe del Emperador en el tarot tradicional:

El Rebelde es realmente un Emperador, porque ha roto las cadenas de los represivos condicionamientos y opiniones de la sociedad. Se ha hecho a sí mismo, abrazando todos los colores del arco iris, surgiendo de las raíces oscuras y sin forma de su pasado inconsciente, y desarrollando alas para volar en el cielo. Su propia forma de ser es rebelde, no porque esté luchando contra alguien o contra algo sino porque ha descubierto su propia naturaleza verdadera y está determinado a vivir de acuerdo con ella. El águila es su animal espiritual, un mensajero entre la Tierra y el cielo. El Rebelde nos desafía a ser lo suficientemente valientes para asumir la responsabilidad de lo que somos y vivir nuestra verdad.

◆◆

¡Me encantó! Ésta era la revolución que buscaba, y entre más leía a Osho más entendía que este movimiento debía ser llevado adentro. Curiosamente, la figura en esta carta es precisamente la representación de Prometeo, mi héroe favorito, sosteniendo en su mano derecha la antorcha con el fuego que ha de entregar a los humanos. Y el fuego es la conciencia.

La revolución es interna, el cambio es adentro. Nada pasará realmente en nuestras vidas, en nuestras realidades si no estamos dispuestas a movernos de la comodidad relativa en la que vivimos. No digo que no se necesite un cambio externo, por supuesto que sí, sólo hay que mirar al mundo para darnos cuenta de ello. Pero primero es con nosotras, hay mucho material para trabajar en nuestras vidas y ahí podemos empezar ahora mismo. Estoy convencida de que en la medida en que seamos más libres, más sabias y más conscientes podremos compartir este fuego con los que estén a nuestro alrededor y que también lo deseen. Se dará dentro de nosotras la unión amorosa, tan necesaria de la Emperatriz con su Emperador, no como figuras de cartón de un cuento romántico sino como fuerzas arquetípicas que nos llevarán hacia nuestra propia gloria, para arder en el fuego de la conciencia.

Las maneras mágicas, mitológicas y femeninas de manejar
la existencia que fueron abandonadas hace miles de años,
deben ser ahora reclamadas por el consciente

EDWARD WHITMONT
El regreso de las diosas

Círculo de mujeres

*Cuando una mujer comienza a ser consciente de la chispa
divina que porta en su interior, se enfrentará a la decisión
de honrarla y confiar en ella... está tan acostumbrada a buscar
la autoridad afuera de ella, que la realización de Dios
dentro de nosotras será radical y quebrantadora. Cambiará todo*

WENDLYN ALTER
The Yang Heart of the Yin

Existe un poder innegable en un círculo de mujeres. Sentadas, una frente a la otra, siendo capaces de mirarnos a los ojos y realmente observarnos. Quitarnos las máscaras, dejarlas a un lado junto con el esfuerzo constante de "quedar bien" con el mundo exterior. Mirar adentro valiente y honestamente para enfrentar nuestra "sombra", todo aquello que hemos escondido del mundo y de nosotras mismas, por considerarlo diabólico e inmoral.

Descubrir cómo es estar en un espacio seguro, amoroso, donde podamos hablar de las cosas más terribles, sabiendo que las miradas de las demás estarán ahí para apoyarnos, para contenernos y ayudarnos en ese viaje interno al infierno personal. Cuando esto sucede, al igual que con los héroes mitológicos que bajaron al infierno para rescatar algo o alguien que habían perdido, encontramos muchas cosas hermosas, bastantes joyas, como las que en el cuento del castillo yacen en el fondo del pozo al que tanto miedo nos daba entrar.

Estos círculos mágicos, estos grupos de crecimiento para mujeres, son la tierra fértil que necesitamos para florecer y su nutriente es el amor, el respeto, el no juicio; el aprender a escuchar y a asumir responsabilidad en nuestras vidas.

La diferencia entre estos grupos y las reuniones sociales es que aquéllos son un espacio donde no tenemos que probar nada ni impresionar a nadie, donde compartimos lo que realmente está sucediendo en nuestra existencia. En estos círculos podemos simplemente ser y pertenecer.

Estoy convencida, porque lo he experimentado y visto suceder una y otra vez, que es la hermandad con otras mujeres —en el dar y recibir con ellas— lo que nos sana profundamente. No importa de dónde vengamos, quienes seamos o qué hagamos, es la voz de cada una la que contribuye a crear esta alquimia especial que nos transforma y purifica, que nos ayuda a acercarnos más y más a nuestro verdadero ser.

No tienen que ser círculos formales, pero es necesario que llevemos lo sagrado de éstos a nuestra vida cotidiana, a nuestras relaciones con la madre, las hermanas, amigas, etcétera. Que aprendamos a vernos con respeto, con asombro y con una visión diferente. No estamos compitiendo; estamos para ayudarnos, para apoyarnos en el camino.

Las mujeres nos necesitamos, tenemos que aprender a ser maestras unas de las otras, a compartir en vez de pelear, a aceptarnos como hermanas que somos. A ver en las otras mujeres el esplendor de la diosa que buscamos en nosotras mismas y la luz que guíe nuestros caminos. No es desde el pleito, desde la reacción y el reclamo hacia el hombre. Al contrario, debe ser desde la responsabilidad absoluta de quienes somos y de nuestras vidas. Ya no es tiempo de echar culpas a nadie sino de asumir nuestras vidas y vivirlas como emperatrices, en su mejor aspecto.

Cuando aparezca la otra cara, en nosotras o en otras mujeres, debemos aprender a amarla también y a abrazar a estas diosas perdidas, con la confianza de que no somos monstruos sino ovejas perdidas. Con la meditación y el trabajo personal podremos llevar estas ovejas a casa.

Los hombres de nuestras vidas, lo sepan o no, necesitan también de este cambio, tanto como nosotras. Ellos siempre han sabido del poder femenino y le es tan indispensable en sus vidas, como a nosotras nos lo es la fuerza masculina. Lo femenino es el amor; lo masculino, la libertad. Ambas fuerzas son nuestras alas. ¿Cómo volar con una sola? El vuelo sólo puede emprenderse cuando las dos trabajan juntas.

Nuestra verdadera alma gemela

Al moverte hacia la realidad, tienes que aceptar tu ser completo.

Eres hombre-mujer juntos. Nadie es sólo hombre y nadie es sólo mujer.

Y es hermoso que seas ambos, porque esto añade riqueza a tu vida, a tu ser.

Te da muchos colores. Eres todo el espectro, todo el arco iris.

No eres un solo color. Todos los colores son tuyos.

El secreto de secretos, Osho

Una de las grandes fantasías en esta era de esoterismo es la búsqueda del alma gemela. La fantasía del amor, de la pareja de vida. Antes era el Príncipe Azul, ahora es el alma gemela. Gastamos fortunas en lecturas de tarot, en terapias de vidas pasadas, etcétera, para encontrar a nuestra alma gemela en esta vida. Lo irónico es que aun si encontráramos a esa famosa "otra mitad", con el tiempo empezaríamos a encontrar mil problemas y defectos en la relación mutua y en esa persona ideal. Las cosas no son tan románticas ni hermosas como parecían al principio, y al final nos damos cuenta de que tampoco así nos sentimos completas. Cometemos estragos con nuestras parejas al imponerles una serie de exigencias de manera totalmente inconsciente. Esperamos que la otra persona, por ser nuestra "alma gemela", actúe de cierta manera, nos proporcione muchas cosas y nos haga felices; pero cuando no es capaz de hacerlo, nos decepcionamos y nos sentimos víctimas de una mala jugada.

Muchas continuamos buscando cuando las cosas se ponen difíciles, cuando sentimos que la relación ya no da para más y nos movemos para intentar en la siguiente relación, esperando que ésta sí sea la correcta. Otras personas se quedan, en una especie de resignación, quizá renunciando un poco al sueño o con la secreta fantasía de que en algún lugar del mundo encontrarán a esa pareja ideal, que por karma o destino no hallaron en esta vida. Yo busqué y busqué, experimenté con varias personas, siempre con la idea de que era afuera donde encontraría ese "pedazo" que me hacía falta. Por supuesto, con esta idea todas las parejas fueron un fracaso, porque finalmente no encontraba la pieza perfecta que encajara en el rompecabezas de mi mundo interno.

Hace algunos años tomé un taller llamado *Inner Man, Inner Woman* (Hombre interno, mujer interna). Fueron diez intensos días de trabajar alrededor de la idea de que cada uno tiene su contraparte en el interno. Basado en los arquetipos de Ánima y Ánimus, de Carl Jung. Anteriormente había escuchado y estudiado el concepto de estos arquetipos: la parte masculina de la mujer y la parte femenina del hombre, incluso había observado y trabajado en terapia mi caso; me había identificado mucho más con el Ánimus que con mi consciente femenino, con la cual me sentía profundamente enojada, pero no había experimentado de manera tan corporal al haber tocado ambas partes y sentido cómo realmente las dos están en mí.

En este taller, cada uno de lo participantes —hombres y mujeres— experimentamos con ambas polaridades en nuestros cuerpos y en nuestra energía. Las mujeres pudimos sentir literalmente la fuerza y la independencia que guardamos adentro; los hombres, la suavidad y ternura que normalmente no se permiten sentir. Realizamos múltiples ejercicios y meditaciones para poder integrar ambas partes y vivirlas como un todo. Ha sido la vez que más completa me sentí: por un lado contacté mi parte femenina, receptiva, amorosa y contenedora; por otro pude sentirme libre, fuerte, determinada y objetiva. Fue una maravillosa experiencia de totalidad, como si dentro de mí dos amantes estuvieran haciendo el amor en una unión maravillosa que me llevaba hacia algo más grande: mi propia divinidad.

A partir de entonces he observado cuidadosamente el tipo de hombre que me atrae y cuáles son las cualidades que busco en la pareja. Este mismo trabajo lo realizamos en grupos de mujeres y encuentro cómo en la búsqueda de la pareja estamos intentando compensar el elemento masculino, que no sentimos en nosotras o a veces nos identificamos más con este elemento, dejando a un lado las características femeninas que quizá por nuestra historia despreciamos. Este último sería el caso de las mujeres "poseídas" por el Ánimus, nuestra parte masculina, que nos pone en peligro de perder la feminidad.

Las mujeres hemos desarrollado nuestro arquetipo Ánimus a través de la exposición con el hombre y éste, a su vez, su arquetipo Ánima por medio de sus relaciones con mujeres durante generaciones. Desgraciadamente, la cultura occidental ha menospreciado durante mucho tiempo los aspectos: femenino en los hombres y masculino en la mujer. Basta recordar cómo en nuestra infancia, incluso nosotras, nos burlábamos de niñas que se portaban de forma marimacha. Recuerdo perfectamente a un grupo de amigas que cuando yo tenía 14 años, en un rancho adonde íbamos varias familias para pasar la Semana Santa, me tomaron de la mano y me dijeron que debía dejar de portarme como niño, porque me encantaba trepar árboles, competir en natación, hacer actividades que supuestamente las niñas no debíamos hacer. Me llevaron a la casa para darme lecciones de cómo ser mujer: pintarme la cara, vestir de manera más femenina y actuar de manera delicada, que era lo que para ellas representaba lo femenino. Para mí eso fue devastador, me sentí profundamente avergonzada de cómo era.

A los niños que muestran cualidades más femeninas —como el gusto por el baile en vez de los deportes duros y otras expresiones consideradas femeninas— también se les ataca con insultos y a veces hasta con golpes. Esto suele causar que reprimamos estas cualidades del sexo opuesto y que creemos máscaras para taparlas. De otra manera, podríamos decir que las mujeres dejamos de tener relación con nuestra parte masculina y los hombres con la parte femenina. A partir de eso nos sentimos incompletos, intentando encontrar afuera lo que escondimos adentro. En otros casos, el niño o la niña sucumben y se quedan atrapados en el rol de la "marimacha" o del "mariquita".

En cualquier caso, estas conductas causan profundos desequilibrios en nosotros y, por ende, en nuestras relaciones. Suelen ser una de las causas por las cuales las mujeres —que durante siglos han tenido que reprimir su parte independiente, sus ansias de libertad, su búsqueda de motivo para vivir, incluso su inteligencia— se sientan incapaces para tener seguridad en sí mismas y busquen continuamente a hombres para que las protejan y cuiden, para que dirijan sus vidas. También está el caso de las mujeres que se han ido al otro extremo: que se han identificado profundamente con su parte masculina y dejado a un lado su feminidad, prefiriendo volverse como un hombre, antes que permitirse llevar una vida, propia de las muchas mujeres sometidas.

Para sentirnos completas, involucrarnos como seres humanos íntegros y dejar de buscar medias naranjas afuera, necesitamos integrar ambos aspectos, reconciliarnos con lo femenino y lo masculino, encontrar la manera para estar en paz con ambos, porque finalmente son parte de nosotras. Resulta imposible tener una relación sana y con crecimiento exterior, si adentro tenemos semejante alboroto. Si los amantes interiores están peleados, entonces ¿cómo pretendemos vivir historias de amor afuera? Debemos recordar que nuestras relaciones externas son el reflejo de lo que pasa adentro de nosotras. Y esto es toda una revelación para quienes se preguntan qué han hecho para atraer tan terribles parejas a sus vidas. Una vez más, la respuesta está en nosotras.

Por supuesto, este conflicto es mucho más complicado y profundo de lo que escribo en estos párrafos. Mi intención es compartir mi experiencia de cómo al trabajar con este aspecto de los arquetipos. He podido reconciliarme poco a poco con mi parte femenina e integrar más sanamente la masculina. Encontrar mi propia forma de ser mujer, no a partir de los estereotipos culturales sino siguiendo mi propia energía y descubriendo en este proceso la belleza de la fuerza en lo femenino y de la ternura en lo masculino.

En mis historias con las parejas, hoy reconozco que por años busqué esa imagen masculina faltante en mi infancia. Siempre cuidé a mi padre. Él era emocionalmente inmaduro y siempre metido en líos económicos, por eso corté mi propio proceso de maduración para cuidarlo a él. Esta niña incompleta que llevaba dentro de mí, buscó por años y afuera al padre ideal. Mis parejas siempre tenían algo de parecido físico con mi papá y mucho de su personalidad. En cada uno de ellos puse muchas expectativas de manera inconsciente, proyecté todas mis necesidades y deseos de ser cuidada, nutrida, protegida por un verdadero padre. Siempre, al final, me decepcionaba el hecho de que el hombre escogido en turno no pudiese llenar estas expectativas… y me retiraba a buscar a otro que sí lo hiciera. Por años estuve convencida de que el problema eran ellos y su falta de madurez. Nunca se me ocurrió pensar que era yo la que escogía a este tipo de hombres, porque constituían la pantalla ideal para mis proyecciones.

Finalmente he aprendido a relacionarme con mi pareja de manera más sana y dejado de proyectar en él todos mis temores, he suprimido los reclamos porque él no sea ese papá ideal, y me he responsabilizado cada día de mi propio bienestar. He aprendido también a pararme en mis pies y dejado de esperar que llegue ese individuo ideal que funcione como mi papá. Entiendo que lograr la unión de ambas personalidades en una sola es una tarea que requiere de trabajo y atención en lo que pasa dentro de nosotras. Pero creo que es posible lograrlo y, como tal, convencerme entonces de que no somos seres a la mitad sino completas. Posteriormente la relación del amante externo será para compartir la vida, las risas, el amor y no como erróneamente hemos pensado: "para sentirnos completas".

Cada individuo viene como una sola unidad, unitario, y luego sucede la separación. Es como un rayo que al pasar a través de un prisma se divide en siete colores. La concepción funciona como un prisma. El Tao (el principio del uno) se separa en dos polaridades opuestas: hombre y mujer. Recuerda que ninguna mujer es solamente una mujer, el hombre está atrás, escondido en ella, lo mismo sucede con el hombre. Ambos contienen los dos sexos.

Si la mente consciente es hombre, entonces el inconsciente es mujer. Si la mente consciente es mujer, entonces el inconsciente es hombre. Tiene que ser así. Y el deseo de encontrarte con el hombre o con la mujer afuera no va a llenarte —a menos que sepas cómo encontrar tu hombre o mujer interior—. El hombre o mujer externo te dará sólo un vislumbre de encuentro, de momentos hermosos, pero a gran costo. Y todos los amantes saben que, por supuesto, que hay algunos momentos de éxtasis, pero hay que pagar el precio de volverse dependientes. Hay que ceder mil y una veces, lo cual causa dolor y heridas. El encuentro con el hombre o la mujer externos será sólo momentáneo.

Pero hay otro encuentro, y es uno de los mensajes secretos del Tao: que tú puedes encontrar a tu amante interno donde tu consciente y tu inconsciente se encuentran, donde tu luz y tu oscuridad se reúnen, donde tu cielo y tu tierra se encuentran. Donde tu positivo y tu negativo se encuentran.

Y una vez que este encuentro sucede dentro de ti, estás completa.

OSHO
Secreto de secretos II

◆ ◆

Escribe tu historia, tu relación con tu madre y tu padre. Responde las siguientes preguntas con total honestidad

¿Cómo es hoy tu relación con otras mujeres?

¿Cómo es con los hombres?

¿Qué envidias de otras mujeres?

¿Qué buscas en los hombres?

¿Qué expectativas tienes de los hombres, en especial de tu pareja?

CAPÍTULO VIII

Nutriendo el espíritu

Explora diariamente la voluntad de Dios
CARL G. JUNG

Brilla, simplemente brilla

HACE ALGUNOS AÑOS, un querido amigo me regaló el libro de Marianne Williamson: *A Return to Love: Reflections on the Principles of a Course in Miracles* (El regreso del amor: reflexiones en los principios de Un curso de milagros) y encontré, entre muchos bellísimos textos, un poema que hoy es muy conocido y que a veces erróneamente se atribuye a Mandela. Este poema constituyó un fuerte golpe en la cabeza de mi ego y debo admitir que me sorprendió, al darme cuenta que por medio de su lectura, del profundo miedo que sentía ante la posibilidad de ser grande, de brillar con luz propia y cómo el temor me llevaba a hacerme pequeña y esconderme detrás de personas a las que sí consideraba brillantes. Fue una verdadera llamada a despertar. Me hizo recordar las veces que, apenada por mi energía y fuerza, traté de hacerme pequeña, me negué a tomar mi lugar en el juego de la vida. Se trataba de mi eterno temor de no sentirme adecuada para las cosas, para las personas, un miedo de ser "rara", incluso de brillar en ciertos ámbitos un poco más de lo "normal", miedo a encontrar miradas de desaprobación cuando deseaba atreverme a ser yo, la gran inseguridad que me frenaba desde lo más profundo de mi ser.

Esas extrañas y muchas veces invisibles lealtades hacia la gente que amamos: "Si mi madre no tuvo una buena pareja, ¿quién soy yo para tenerla? Si mi padre no la hizo profesionalmente, ¿por qué yo podría triunfar?" Y, ¿por qué no?

He aquí el poema:

Nuestro miedo más profundo no es que seamos
        inadecuados.
Nuestro miedo más profundo es que somos pode-
        rosos más allá de cualquier medida.
Es nuestra luz, no nuestra oscuridad lo que nos aterra.

Nos preguntamos ¿quién soy yo para ser brillante,
        hermosa, talentosa o fabulosa?
En realidad, ¿quién eres tú para no serlo?
Eres una criatura de Dios.

El que te hagas pequeño no salva al mundo.
No hay nada de iluminado en encogerse,
para que otras personas no se sientan inseguras al-
        rededor de ti.

Estamos hechos para brillar, de la manera que los
        niños brillan.
Nacimos para manifestar la gloria de Dios que está
        dentro de nosotros.

No se encuentra solamente en algunos.
Está en todos.

Y al dejar que brille nuestra luz,
Inconscientemente damos permiso a otras personas
para hacer lo mismo.
Al liberarnos de nuestro miedo,
Nuestra presencia automáticamente libera a otros.

◆ ◆

Muchas veces nos encontramos bloqueadas en nuestro interior, en nuestra luz, porque nos sentimos seguras dentro de nuestras prisiones. Quizá no más felices, pero al menos sabemos cómo ser infelices, porque eso sí lo hemos aprendido. Quedarnos en la oscuridad con los demás, para todos juntos consolarnos, como se dice en inglés: *Misery loves company* (La miseria ama la compañía). Esto pasa con nuestras vidas: se vuelven miserables, porque somos miserables con nosotros. Y quizá éste sea un buen momento para reflexionar acerca de las creencias negativas que has internalizado y que te impiden brillar con luz propia. ¿Cuáles son las razones que te impiden ser como eres, hacer lo que amas y simplemente brillar con tu propia luz?

Recuperar la fe

El camino del crecimiento requiere fe. Cada paso que demos en nuestra existencia debe convertirse en un acto de fe. Necesitamos sintonizarnos con ese lado mágico de nuestro ser, nuestro espíritu que nunca deja de creer en nosotras, en un mundo mejor para cultivar nuestra fe, que es la estrella que nos guía y nos lleva a través de la desesperación, el desmayo y las noches oscuras. Siempre brillando en la esperanza. Esta esperanza, esta fe, es la inspiración vital para encontrar un sentido de equilibrio, especialmente cuando atravesamos por momentos difíciles.

Todos necesitamos crearnos un sentido de vida; mientras este sentido esté vivo, todo es posible. Si dejamos de creer y perdemos la esperanza de que las cosas pueden mejorar, la luz se va de nuestros corazones, seguidamente de nuestras vidas.

Yo tuve que trabajar arduamente para recuperar esa fe. Como fui educada en un colegio católico —con la idea de un Dios castigador y casi vengativo—, me costaba mucho trabajo creer que este ser me ayudaría, a pesar de mis defectos y fallas. Escuchaba frecuentemente las palabras: "Dios es amor", pero mis condicionamientos me impedían realmente creer en esto y menos aun vivenciarlo. Era muy difícil que creyera que la voluntad de Dios pudiese coincidir con mis anhelos, mis sueños y mucho menos podía confiar en un guía interior.

Hablo de Dios como podría decir la Diosa, la Madre Existencia, el Innombrable, el Gran Creador, la Creación, sin querer implicar una idea de religión. En realidad, no importa el nombre que queramos darle; de cualquier manera, está mucho más allá de lo que nuestra mente pueda concebir, es algo divino que no puede ser conceptualizado. Nuestro ser más profundo puede experimentar esta divinidad, esa llama de luz que habita en nosotros y que es parte de algo mucho mayor, como si fuéramos gotitas de un vasto océano. Estoy segura de que aun así me quedo muy corta, pero es la única manera en que puedo explicarlo con palabras.

Nos hemos dejado llevar por la idea de que estamos aquí para sufrir, para cumplir con los deberes impuestos por la sociedad, las instituciones y después morir, no hay más que hacer. A la mayoría nos enseñaron a cumplir con la "voluntad de Dios", a cargar nuestra cruz. Nos llenaron de vergüenza, de culpas y nos apagaron la luz interna.

Esta luz debe encenderse nuevamente, debemos asumir la grandeza de ser hijas de Dios, de ser su creación y como tal convertirnos en creadoras de nuestras vidas, en portadoras de la antorcha interna para encontrar nuestro verdadero camino. Estamos aquí no para ser perfectas ni para crear vidas de película, sino —como bien dice el poema de Marianne Williamson—, para manifestar la gloria de Dios que está en nosotros. No en el cielo ni en la otra vida sino aquí y ahora. Es el momento, después, nadie sabe.

En este momento debo unirme en profunda honestidad con mi ser, con mis anhelos más profundos, los sueños de mi corazón, esos que se quedaron por ahí, botados en el camino porque no eran "adecuados", "sensatos", "maduros" y, sobre todo, "productivos". Hablo de fe porque esto requiere acción de nuestra parte, una acción de fe para renunciar a lo que no somos y para que nos permita encontrar lo que sí somos.

Y dentro de nosotras sabemos qué es lo que anhelamos. Nos resistimos porque estamos llenas de miedos, porque no tenemos una verdadera fe en la existencia de Dios, en nuestra guía interna. Pero el sueño allí está y puede ser realidad si tenemos el valor para asumirlo y aceptarlo y para ejercer la acción que nos lleve a realizarlo.

Una vez hecho esto, simplificamos la ecuación. Es decir, dejamos de jugar a hacernos tontas y de escondernos atrás de un "no sé", dejamos de pretender que somos pequeñas y de escondernos detrás de nuestras máscaras. Ahora, en esta honestidad podemos admitir que el problema no es no saber, sino que tenemos miedo, que nos resistimos porque nos aterran las consecuencias y porque hemos creado, en nuestro escondite, una zona de comodidad donde nos sentimos seguras. Pero la vida no es para estar seguras sino para arriesgarnos y apostarnos en lo que deseamos, aun con el miedo. Ser congruentes e íntegras con nosotras, no con el mundo ni con la sociedad sino con nuestro ser interior y con lo que somos externamente.

Apuesta todo por los sueños. Es la única manera para recuperar nuestro poder que nos llevará a tomar nuestro verdadero lugar en el mundo, para salir del rincón donde nos hemos mantenido escondidas, esperando que algo o alguien venga a rescatarnos. Bueno, pues lamento informarles que los rescatadores se agotaron, se cansaron y se fueron de viaje eterno, así que nos toca a cada una rescatarnos y enseñar a nuestras hermanas, a nuestras hijas, a no quedarse atrás.

No estaremos solas en este viaje. El universo entero nos acompañará. Nuestra fe nos guiará, pero esta fe no aparecerá a menos que caminemos. Cada paso que demos en el sendero correcto engrandecerá nuestro espíritu y fortalecerá nuestra fe, hasta que veamos por nosotras mismas que cada paso del camino lo dimos tomadas de la mano de una fuerza superior, algo inexplicable que sucede cuando volteamos hacia atrás y miramos la senda recorrida. Entonces nos maravillaremos de lo que fuimos capaces de lograr.

Porque la maravillosa paradoja es que aunque nos lancemos solas, nunca lo estaremos realmente. Siempre estamos protegidas, acompañadas, no para preservar nuestro mundo de seguridad sino para lanzarnos a nuestra propia aventura de vivir.

Sin embargo esto no sucederá sentadas en casa, viendo la televisión, tomando café con las amigas o haciendo otras actividades para tratar de controlar de alguna manera nuestros munditos y que nada se salga de lugar. Muchas personas piensan que tienen fe porque se sienten confiadas en sus pequeños mundos, porque quizá viven épocas tranquilas y casi todo marcha bien, pero es en los momentos cuando la vida nos golpea, nos mueve el piso y rompe nuestras estructuras —justamente durante la noche cuando se oculta la luz y pensamos que todo está en nuestra contra—, cuando nuestra fe se prueba: Un divorcio, la pérdida de un trabajo, de alguna relación, son cosas muy dolorosas, pero son también grandes oportunidades para soltar las ataduras, para dejarnos ir y darnos cuenta de que si la vida no se lleva lo viejo, nada nuevo encontrará lugar en nosotras. Debemos morir para renacer.

Los ritos de iniciación conducen siempre a una muerte y a un renacimiento, pero esta experiencia necesita de la fe o puede volverse algo muy perturbador. Sólo con fe podemos renunciar a las antiguas máscaras, a nuestras resistencias y permitir que la transformación se produzca.

La Torre

Una vez más —refiriéndome a las cartas del tarot— hablaré de una de ellas, que siempre causa miedo cuando surge en una lectura: el arcano mayor de la Torre. En la imagen hay una torre siendo destrozada por un rayo que cae del cielo mientras unas figuras humanas son lanzadas hacia afuera por la fuerza del rayo. Se dice que la Torre representa nuestro ego: las estructuras rígidas y materialistas que hemos construido alrededor de nosotras. Nos representa en esta parte que se ha transformado en una torre gris e impenetrable, una verdadera prisión para nuestro ser. El rayo llega rompiendo esta estructura y aunque la destrucción puede parecer un gran castigo, es en realidad una verdadera liberación. El rayo es la mano de Dios y simboliza su gracia, no su cólera. La existencia no permitirá que nos quedemos para siempre atrapadas en nuestra cárcel de ilusión y autoengaño. Al no poder liberarnos de ella por nuestros propios medios, las fuerzas de la naturaleza enviarán una explosión y nos lanzarán hacia afuera en un acto de profundo amor.

Cuando aparezca la Torre en nuestras vidas, debemos recordar que este movimiento, por duro que sea, nos conducirá a la libertad. Nos ayudará a encontrar nuevos inicios. Después de que estemos conscientes de lo aplastante de esta estructura, de la manera en que esta prisión encerraba y limitaba nuestra verdadera naturaleza, agradeceremos el rayo divino que destruyó la torre porque nos liberará y permitirá que algo nuevo suceda en nuestra existencia.

Pero es menester cultivar la fe, porque sin ella estos movimientos son demasiado dolorosos y atemorizantes, es como caminar por el bosque durante una noche oscura sin la luz de una linterna que nos guíe.

Éste es el bellísimo misterio de la existencia. Nuestras mentes pequeñas y limitadas no alcanzan a entender o siquiera conceptualizar esta idea, sólo nuestros corazones pueden mostrarnos el camino y permitir que la existencia nos guíe, en vez de estar siempre tratando de controlar el camino, de ser quienes llevemos el volante. Es un verdadero descanso, es como dejar de luchar contra las sombras, relajarnos en la creación y tomar nuestro lugar en ella.

Por supuesto, esto implica gran responsabilidad de nosotras y de nuestros actos. No debemos olvidarlo porque pareciera que en esta locura New Age todos se abren al universo, pero pocos se hacen responsables de sus elecciones y acciones. Me ha tocado escuchar a personas que explican sus acciones, diciendo que sus "maestros" o "voces" internas se lo indicaron, que esto o aquello lo hicieron porque su ángel de la guarda les dijo que era lo correcto; que acosan a alguna persona porque su terapeuta o maestra les aseguró que en otra vida fueron pareja y tienen un pacto en ésta. Hay que cuidar todas estas situaciones. El verdadero camino espiritual es también un acto de total responsabilidad.

Volviendo al asunto de la fe, estoy convencida de que debemos trabajar para ella, aunque se nos diga que es un don divino. Tener fe cuando todo funciona en nuestras vidas es muy fácil, es como la certidumbre infantil, basada en que todo funciona bien y en la creencia de que si me porto bien, Diosito me premiará. Pero levantarte y seguir adelante cuando todo se ha derrumbado, cuando no hay certeza de nada, cuando pareciera que la vida se terminó, ése es un acto de verdadera fe; es como una semilla en tierra fértil, regada por cada una de nuestras acciones: irá creciendo y fortaleciéndose más y más hasta convertirse en un poderoso roble que nos abrigará durante las tormentas.

Pasos

Los Doce Pasos de Alcóholicos Anónimos (AA) se han convertido en mi mapa para caminar por la vida. Personalmente, los primeros tres son mis favoritos:

1. Admitimos que éramos impotentes y que nuestras vidas se habían vuelto ingobernables.

En AA hablan de la impotencia ante el alcohol, pero en realidad somos impotentes hacia la vida misma. No importa qué tan poderosas nos sintamos, porque en cualquier momento puede suceder algo que cambie nuestras vidas drásticamente. Hace poco conocí a una bellísima joven extranjera, quien me contó que estaba de vacaciones en Tailandia cuando sucedió el famoso tsunami. Ella y su novio descansaban bajo el sol y, de pronto, llegó la inmensa ola. En pocos segundos —sin que pudieran hacer absolutamente nada— el poderoso torrente de agua se llevó al novio. En esos instantes todo cambió. Conocí a esta chica en Alemania, durante un taller bellísimo llamado Path of Love (El camino del amor), y de todas las historias escuchadas fue la que más me impresionó. Lo que me movió más allá de su tragedia fue ver cómo, a pesar de su juventud, había en ella una profunda comprensión de la vida, una paz y una fe más allá de los sucesos, una completa y dulce derrota ante la vida. Lo que compartió con todos es que su dolor fue de tal envergadura, que sólo apoyándose en algo superior pudo finalmente encontrar la paz.

Paradójicamente, en el camino espiritual para ganar, hay que derrotarnos. Esto es terrible para nuestros egos, porque a nadie le gusta pensar en ser perdedor. Pero la vida es un juego donde sólo los que se permiten perder, ganan. Por supuesto que se trata de un terrible concepto para la mente: admitir en nuestro ego la derrota. Pero es precisamente en la aceptación de nuestras limitaciones cuando encontramos nuestra verdadera fuerza, nuestro verdadero poder.

2. Llegamos al convencimiento de que un Poder Superior podría devolvernos el sano juicio.

A veces la vida nos pega muy fuerte y las cosas suceden de manera muy opuesta a nuestros deseos. Hay tal caos en nuestras vidas, que simplemente no sabemos cómo podemos recobrar la estabilidad. En esos momentos no falta quien nos diga que recemos, meditemos, que pidamos a Dios que nos ayude, pero para algunos es muy difícil creer en Dios o en algo superior; otros, simplemente no pueden hacerlo. Y aun si creemos en Él, pensamos que no querrá ayudarnos.

Si creo en Dios, en un ser superior, ¿por qué querría ayudarme a mí?

Estamos tan condicionadas a luchar con nuestras propias armas, que cuando ya no funcionan, simplemente no sabemos cómo pedir ayuda. Quizá estamos tan enojadas contra Dios y contra la religión, que hace años que nos apartamos de esa idea. Tal vez haya en nosotras una decepción muy profunda, nacida de algún suceso doloroso en el que nos sentimos abandonadas por el Dios de nuestra infancia. Tal vez le hayamos pedido deseos que no nos concedió, lo cual nos creó la idea de que Dios no nos escucha. Por otra parte, con la religión relacionamos a Dios, y muchas de nosotras sufrimos o sabemos de abusos y malos tratos de algún ministro de culto. Entonces, ¿cómo creer en algo que tiene que ver con estas instituciones que nos han fallado tanto? Muchas estamos hartas de la religión, la que sea, y nos sentimos perdidas. O puede ser que sí creamos en Dios, pero estamos convencidas de que Él no cree en nosotras. A veces es más difícil retomar la creencia en algo parecido a la fe que perdimos, que comenzar a creer en algo nuevo que nunca hemos sentido.

Después de años de estudiar en una escuela católica y de alejarme totalmente de la religión por un completo hartazgo, descubrí que mi idea de Dios era sumamente limitada y que no sabía cómo orar. Que cuando pedía algo y no se me daba, me enojaba, hacía berrinches como una niña pequeña que se enoja con sus padres porque no quieren comprarle todos los dulces de la tienda, cuando en realidad estos padres están supervisando a su hija, en vez de irse por el camino fácil, que es acceder a los caprichos de la niña, para evitar conflictos.

Dios no cumple caprichos, me dijeron hace años. No, por supuesto que no, ahora lo entiendo, pero me costó muchos años y esfuerzo para deshacerme de mi idea infantil de Dios y de mis prejuicios en contra de todo lo que olía a religión.

3. Decidimos poner nuestras voluntades y nuestras vidas al cuidado de Dios, como nosotros lo concebimos.

Esto es como dicen en las juntas de AA: "Abrir una puerta cerrada con candado". Y continúan: "Todo lo que se necesita es una llave y la decisión de abrirla. Esa llave se llama buena voluntad. Cuando esta buena voluntad ha quitado el candado, la puerta se abre casi por sí sola y mirando hacia adentro, veremos un camino junto al cual está una inscripción que dice: 'éste es el camino hacia la fe que obra'."

La fe que obra, no la que no hace nada, que espera a ver si alguien lo hace por mí. Es la fe aunada a la acción, la que vamos obteniendo paso a paso, la que realmente transformará nuestras vidas y removerá los obstáculos entre nosotros y una vida plena, de crecimiento y amor.

Por supuesto, nuestro ego se retorcerá ante la idea de entregar la voluntad a algo más, no importa si es a Dios mismo. El ego es voluntarioso, se resiste a entregar el control, se rehúsa al cambio, se niega a la transformación y busca mil maneras para boicotear cualquier movimiento en contra de él. Qué difícil es creer en la frase: "Padre, hágase tu voluntad y no la mía".

Encontré una forma que me ha funcionado cuando estoy orando y quiero pedir algo, simplemente pido que mi voluntad se alinee a la voluntad divina y que me ayuden a fortalecer mi fe en que lo que venga, será siempre lo mejor. Pido que llegue de forma suave, que sepa yo escuchar y soltar, para que no tenga que llegar el rayo a darme en la torre.

Hasta que realices la insatisfacción de todo, su transitoriedad y limitación y reúnas todas tus energías en un gran anhelo, el primer paso no estará dado. Por otra parte, la integridad del deseo por lo Supremo es por sí misma una llamada del Supremo. Nada, físico o mental puede darte libertad. Eres libre una vez que comprendas que tus ataduras son creadas por ti y dejes de forjar las cadenas que te atan.

NISARGADATTA MAHARAJ

◆ ◆

Algunas herramientas

En este último capítulo del libro, me gustaría compartir de la forma sencilla en que lo hago en mis grupos y talleres, lo que a mí me ha ayudado estos años. Creo firmemente que una de las herramientas básicas en este camino es el autoconocimiento. Hay que aceptar que es un objetivo difícil de lograr por una misma. Aunque estemos muy conscientes, tenemos demasiados puntos ciegos en nosotras y es importante tener el apoyo y guía de alguien preparado, entrenado para trabajar de manera profesional con las personas.

He llevado muchos procesos de terapia profunda, porque estoy convencida de que la terapia es necesaria como un medio para ir limpiando el pasado, las historias y la vida misma, pero también creo que la terapia por sí sola puede crear demasiada importancia sobre el proceso mismo y entonces nos volveremos un poco, como algunos de los personajes en películas de Woody Allen, que se la pasan desmenuzando sus historias y dándose gran importancia, casi compitiendo en la sofisticación de la neurosis. Como si fuera muy chic tener tantos rollos emocionales.

El proceso de la terapia, en mi visión, debe ser una secuencia para la obtención de autoconciencia y debe ir acompañada por prácticas de meditación. Osho, en alguno de sus discursos en los que habla de la terapia, nos dice que los terapeutas son como jardineros que quitan la mala hierba de la tierra, para que la semilla de la meditación pueda florecer. Una de las cosas que he aprendido en mis más de treinta años de caminar por este mundo de terapias y maestros, es que no existe una fórmula mágica para despertar. El proceso de la conciencia implica dedicación, esfuerzo, tiempo, energía y mucha responsabilidad.

Comento esto porque hoy en día abundan las técnicas "milagrosas" que se ofrecen como alternativas para las terapias. Un poco como todos los artículos que venden en televisión, así también estamos rodeados de múltiples escuelas y centros que nos proponen curar todos nuestros complejos, traumas, sanar nuestros cuerpos energéticos, traer ángeles y arcángeles y a toda la corte celestial para que nos ilumine; llevarnos al paraíso, y no sé cuántas cosas más, todo en una semana y por cierta cantidad. Cursos que nos enseñan técnicas para materializar todo lo que deseamos, como si nuestra existencia fuera un paseo por un gran centro comercial en el cual podemos escoger todo los que se nos antoje y simplemente vivir para disfrutarlo.

Existen muchísimas clases de terapias, psicoterapeutas y terapeutas. Es un mercado complejo y es difícil aconsejar sobre este tema. Yo tuve la gran bendición de contar con un maestro físico: el doctor Carlos de León, quien además de muchas otras cosas, ha sido y sigue siendo un gran investigador, conocedor de la conciencia y de las diferentes escuelas místicas. Él nos enfatizó siempre la necesidad de la terapia, del trabajo energético con técnicas como artes marciales, Chi Kung y de la disciplina y entrega a un verdadero camino espiritual basado en prácticas de meditación, oración, etcétera.

Voy a citar unos párrafos de su libro *Flujo de vida*, referentes a la terapia:

Hay muchas razones por las que una persona puede llegar a terapia: las razones válidas son aquellas que implican una intención real de encontrar la solución a un problema o forma de autoconocimiento, e incluso de liberación.

Las razones equivocadas implican llegar a terapia para satisfacer los deseos de alguien más, o porque la persona busca que algo o alguien le resuelva sus problemas con el mínimo esfuerzo de su parte.

El paciente desde el principio debe entender que cualquier proceso de psicoterapia y crecimiento implica que él se haga responsable del proceso, cualquiera que éste sea, y que debe dedicar el esfuerzo, tiempo y dinero pertinentes para que haya resultados.

El paciente debe entender que lleva años sosteniendo patrones neuróticos de inconciencia y éstos no van a desaparecer por arte de magia, sino que se requiere de un esfuerzo consciente para que pueda darse un cambio. Es importante asumir que la mayor parte de este esfuerzo le toca al paciente.

◆ ◆

Cuando estés lista para iniciar un proceso de crecimiento, de terapia, tómate el tiempo para buscar al terapeuta adecuado para ti, que te inspire confianza, te respete y respete el espacio de terapia. Como comentaba antes, hay muchas escuelas y líneas, pero sólo tú puedes saber cuál te funciona. Es cosa de experimentar un poco y, sobre todo, aunque suene muy simplista, escuchar tu voz interna. Intenta no confundir esta voz sabia con la voz del ego, que se la pasará inventando excusas y pretextos para dejar la terapia, porque es la voz de la resistencia y usa todo tipo de trucos para evitar el desarrollo del ser.

Como ser humano, tienes derechos que, en palabras de Carlos, son "útiles para ubicar a la persona en la vida y por ende en la terapia".

EXISTIR

Éste es el primer y último derecho. Nada ni nadie puede quitarnos ese derecho de estar aquí, estar aquí y estar aquí... otros derechos podrán ser suprimidos pero nunca éste, ya que ha sido dado por nuestra propia existencia.

EXPERIMENTAR

Donde sea que nos encontremos, por el sólo hecho de existir, estamos viviendo la experiencia, y aunque tendamos a ajustarla de acuerdo con nuestros filtros de realidad, nuestra experiencia será la última. La experiencia nos da individualidad, nos hace ser personas.

SER, TAL COMO SOMOS

Al fin personas, somos conciencias separadas con experiencias diferentes. Como cada experiencia es única en el universo, tenemos el pleno derecho de manifestarnos de una manera irreemplazable y especial. Ésta es la forma en que podemos aportar al universo.

Hay que darnos cuenta de que aunque pretendamos ser como alguien más, no podemos.

NECESITAR

Esto no quiere decir que podamos poseer a personas o colgarnos de ellas para satisfacer nuestras necesidades. Quiere decir que aunque seamos independientes dentro de una sociedad, estamos interactuando con el universo. No podemos prescindir de ciertos elementos, como el aire, el agua, la comida, la ternura, el amor, la reafirmación y el contacto, entre otros. Los sabios aceptan sus necesidades y ayudan a satisfacer las de otros.

TOCAR

Este derecho parece simple, pero pensemos por un momento si realmente hemos sido capaces de tocarnos y tocar al mundo que nos rodea. Pensemos qué tan libres somos para usar nuestros sentidos, nuestra mente y nuestro corazón.

SER SANO Y FELIZ

Este derecho nos dice que podemos vivir en armonía, hacer que nuestra vida se convierta en una expresión de unidad con la Madre Tierra. Vivir de acuerdo con nosotros mismos.

CREAR

Cuando manifestamos nuestro verdadero ser, podemos estar seguros de que estamos creando, damos continuamente algo nuevo. Por eso también podríamos llamarle el derecho de dar.

El acto de crear es el mayor regalo que podemos hacer, cuando en verdad creamos nos olvidamos de nosotras mismas y dejamos que la experiencia fluya. Y sucede. La idea es hacer de cada acto de nuestra vida un acto de creación. Es una forma muy grata de hacernos uno con el universo y con quien lo creó.

INTIMAR

Este derecho habla de la entrega. Sólo nos entregaremos en la medida en que bajemos nuestras defensas de ego, nuestras barreras al contacto, nuestros miedos y engaños y nos volvamos uno con el otro.

SER LIBRE

La libertad es más visible entre más independientes y conscientes somos. El acto más grande de ejercer la libertad es entregarla a Dios, a la divinidad, de esta manera tenemos infinitas opciones y al mismo tiempo una sola: la opción de amar.

AMAR

El amor es nuestro, porque somos amor. El amor, así como nosotros, existe por sí mismo.

Ahora que tenemos la información de nuestros derechos, ejercitémonos en ellos, tanto para nosotros como hacia los demás. Algo importante es la práctica de meditación, a mí me hacen mucho bien las meditaciones activas de Osho, siendo como soy de intensa y energética, me ayudan a entrar en profundos espacios de paz y relajación. Hay diversos centros de meditación en México y, al igual que con la terapia, es cuestión de que experimentes. En alguna ocasión, durante una conferencia, alguien le preguntó a Carlos de León cómo elegir la técnica o la enseñanza que sea mejor para uno. Su respuesta fue: "la que sea como miel para tu paladar". Entonces hay que probar todo lo que tenemos para encontrar esta miel.

La meta final

Los Maestros y guías espirituales nos dicen que no hay un lugar adónde llegar, no hay meta, el camino es lo que importa. Estamos aquí para intentar ser mejores seres humanos cada día, crecer y abrirnos a la vida y al amor. No estamos aquí para ser perfectos sino para experimentarnos y en el proceso cometer errores, equivocarnos, tropezarnos y encontrar de nuevo el camino. Aprender a aceptar nuestra naturaleza humana y nuestras imperfecciones.

Es importante saber que somos seres completos, aunque tome muchas vidas, mucho tiempo para que lo logremos, pero al menos sabremos hacia dónde vamos. Escuchamos frecuentemente hablar del cielo, del infierno, de la otra vida, de vidas pasadas y en realidad todo eso nos quita la atención a lo que es importante: el aquí y ahora. Lo que sucede en tu vida en este momento, con las personas que suceda, es lo que tú necesitas para crecer y es esta aceptación del momento y de nuestras vidas lo que nos permite dejar de pelear y abrazar nuestras vidas. Las herramientas, los recursos que necesitas para vivir, están en ti, en este espacio del aquí y ahora, simplemente necesitas dejar de vivir en el pasado o en el futuro, abrir los ojos a lo que sucede en este momento y conectarte con la magia del instante actual.

Hemos llegado al final, y como soy muy mala para despedirme, lo haré recomendándoles que no se tomen tan en serio la vida, que sigan un camino que amen y gocen. Que disfruten la vida y cada uno de sus momentos.

Amor... ¿o codependencia? de Aura Medina de Wit
se terminó de imprimir en octubre de 2010
en World Color Querétero, S. A. de C. V.
Lote 37, Fracc. Agro-Industrial La Cruz
Villa del Marqués, Querétaro 76240, México

·

Yeana González, coordinación editorial;
César Gutiérrez, editor; Tomás Aranda y Soraya Bello,
cuidado de la edición; Sergi Rucabado, diseño de cubierta;
Antonio Colín, diseño de interiores